ALEX WAHI

EASY_ INDIEN

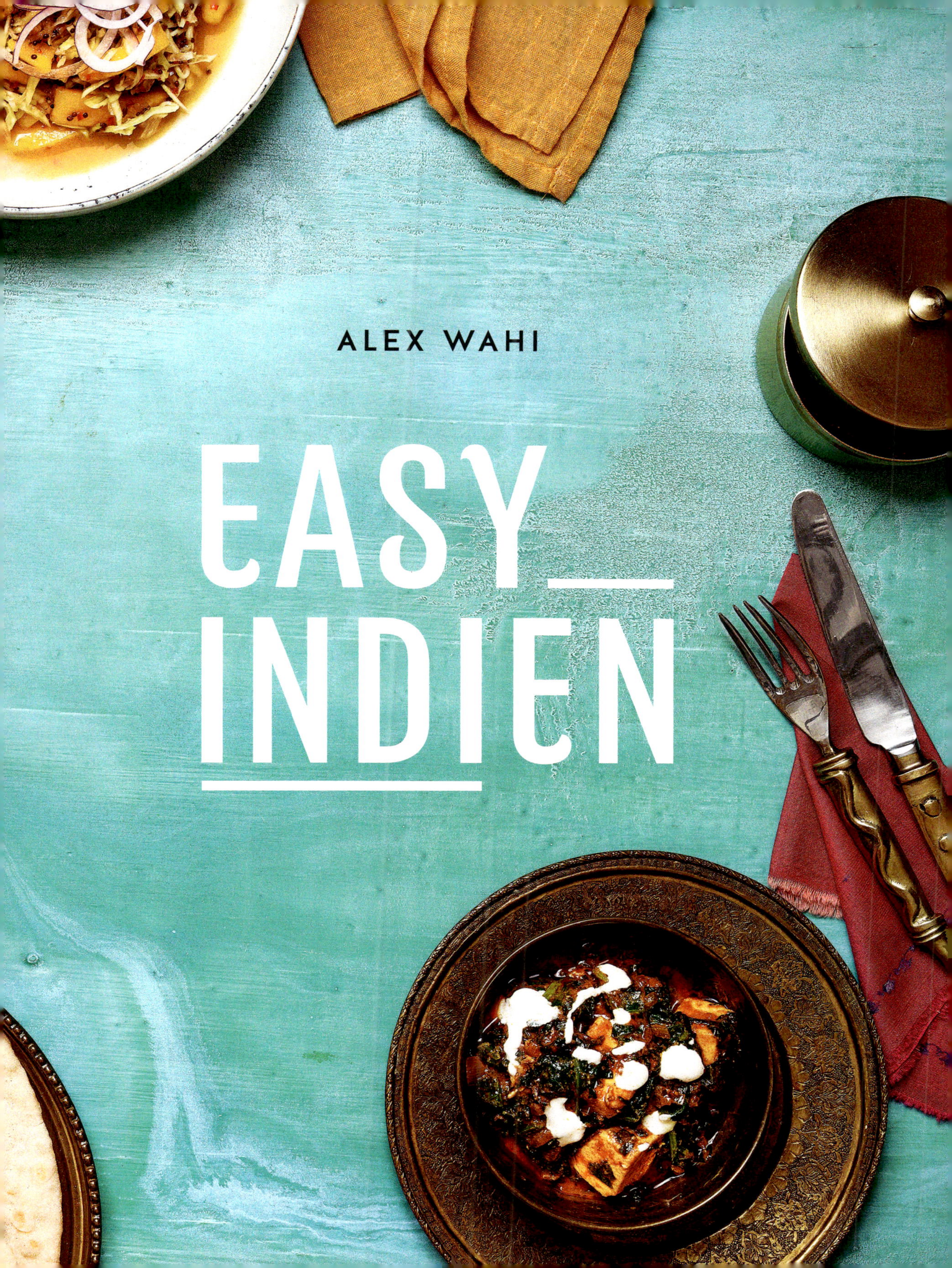
ALEX WAHI
EASY
INDIEN

INHALT

VORWORT *6*

GRUNDREZEPTE *8*
THEMA: Die Basics *24*

SNACKS & STREETFOOD *26*
THEMA: Feine Kleinigkeiten *58*

BEILAGEN *60*
THEMA: Würzige Extras *90*

FLEISCH & FISCH *92*
THEMA: Curry – was ist das überhaupt? *122*

VEGETARISCH & VEGAN *124*
THEMA: Vegetarische Vielfalt *162*

DRINKS & SWEETS *164*
THEMA: Süße Variationen *184*

Register *186*
Impressum *192*

VORWORT

Ein indisches Kochbuch – wow! Die Idee hat mich begeistert und abgeschreckt zugleich. Ich koche ständig in meinem Restaurant in Hamm, ich entwickle Rezepte für Magazine, koche im Fernsehen und bin für jede neue Idee in der Küche sofort zu haben. Aber ein Kochbuch schreiben über die indische Küche? Über meine Wurzeln, weil mein Vater Inder ist? Was sind meine Wurzeln? Kenne ich die indische Küche gut genug, um ein Buch darüber zu schreiben?

Die letzte Frage kann wohl kein Mensch – auch kein Inder – mit Ja beantworten, denn die indische Küche ist so facettenreich, dass sie in kein Buch passt. Innerhalb des riesigen Landes gibt es geografisch, religiös und traditionell bedingt so viele Unterschiede, dass es kaum möglich ist, das Rezept für Samosa, Butter Chicken oder Mango-Chutney zu finden. Vegetarismus im praktizierenden Hinduismus, Essen ohne Schweinefleisch im Islam oder Kochen ohne Rindfleisch, weil die Kuh heilig ist – das sind nur ein paar Beispiele. Wie könnte ich einen Überblick über all das geben? Ich habe mich schnell von dieser Frage gelöst und Rezepte ausgewählt, die auch meine Handschrift tragen.

Mein Vater Vipan kam in den 1970er-Jahren nach Deutschland, um eine Ausbildung zum Hotelfachmann zu machen. Er wollte im Anschluss nach Indien zurückkehren und in einem guten Hotel in Bombay arbeiten. Doch es kam anders: In einem Hotel in Beckum lernte er meine Mama Helga kennen und lieben. Die beiden heirateten und er blieb. Einige Jahre später kam ich auf die Welt. Schon als Fünfjähriger bereitete ich mit meinem Vater in der Küche eines Tennisclubs Fleischbällchen mit einer eigenen Currygewürzmischung zu. Später eröffnete er unser Restaurant in Hamm. Natürlich kochte er auch daheim. Schnippelbohnensuppe hatte es ihm angetan, nur fehlte das gewisse Etwas. So gab es bei uns westfälische Schnippelbohnensuppe mit einer indischen Gewürzmischung verfeinert.

Diese Anekdote beschreibt gut, wie ich die indische Küche kennengelernt habe und sie auch heute lebe. Ich mag es, Gerichten aus aller Welt einen indischen Touch zu verleihen oder traditionell indische Gerichte zu modernisieren. Bei einer Indienreise mit Anfang 20 lernte ich eines der Geheimnisse kennen: den richtigen Umgang mit Gewürzen. Egal, welches Gewürz – das Aroma entfaltet sich ganz neu, wenn man es in der Pfanne mit Öl kurz andünstet und dann ablöscht.

Ich plädiere für Kreativität beim Kochen. Probiert die indische Küche, sie hat so viel zu bieten. Seid experimentierfreudig! Vertraut auf euren Geschmack und verändert Rezepte nach eurem Gefühl: mehr Schärfe, mehr Süße, Fleisch statt Fisch oder vegetarisch. Der Fantasie sind keine Grenzen gesetzt. Kochen gehört für mich zu den schönsten Beschäftigungen überhaupt.

ALEX
WAHI
IMPULSIVE

GRUND-REZEPTE

KAPITEL 1

Hier treffen sich die Stars der indischen Küche! Von Gewürzmischungen bis hin zu Currybutter – absolute Must haves für alle, die easy indisch kochen wollen.

GARAM MASALA

Für ca. 20 g
Zubereitung: ca. 15 Min.

3 grüne Kardamomkapseln
1 TL Koriandersamen
1 TL Kreuzkümmelsamen
2 Msp. Zimtpulver
½ TL gemahlener Ingwer
1 TL Fenchelsamen
5 Nelken
3 Msp. gemahlener Anis
3 Msp. frisch geriebene Muskatnuss
1 TL schwarze Pfefferkörner
4 Lorbeerblätter

1. Die Kardamomkapseln aufbrechen und die Samen herauslösen. Die Samen mit allen anderen ganzen und gemahlenen Gewürzen in einem Mörser oder einer Gewürzmühle zerkleinern.

2. Die Mischung in eine große flache Pfanne geben und ohne Fett bei mittlerer Hitze 2–3 Min. rösten. Herausnehmen und abkühlen lassen. In einem Schraubglas dunkel und trocken lagern.

info *Garam Masala ist ein absoluter Allrounder in der indischen Küche und wird in vielen Rezepten verwendet.*

BHUAS CURRYGEWÜRZ

Für ca. 20 g
Zubereitung: ca. 5 Min.

1 EL mildes Currypulver
2 Prisen feines Meersalz
1 TL edelsüßes Paprikapulver
1 Prise Knoblauchpulver
1 Prise Chilipulver
½ TL gemahlener Kreuzkümmel
2 Prisen schwarzer Pfeffer
1 Prise brauner Zucker
1 Prise abgeriebene Schale von 1 Bio-Zitrone

1. Alle Gewürze, den Zucker und die Zitronenschale in eine Schüssel geben und gut vermengen. In ein dunkles Schraubglas umfüllen und an einem trockenen Ort aufbewahren.

info *In Indien sagt man »Bhua« zu Tanten. Diese Gewürzmischung hat uns meine Tante aus Indien vererbt.*

PAPA WAHIS CURRYGEWÜRZ

Für ca. 30 g
Zubereitung: ca. 15 Min.

3 grüne Kardamomkapseln
3 g gemahlener Kreuzkümmel
4 g gemahlene Kurkuma
2 g gemahlener Ingwer
2 g schwarze Senfsamen
2 g Bockshornkleesamen
1 g Nelkenpulver
1 g Zimtpulver
1 g frisch geriebene Muskatnuss
1 Msp. Chilipulver
2 g schwarze Pfefferkörner
10 getrocknete Curryblätter
3 g Salz
4 g edelsüßes Paprikapulver
3 g brauner Zucker
2 g Fenchelsamen

1. Die Kardamomkapseln aufbrechen und die Samen herauslösen. Mit allen anderen gemahlenen und ganzen Gewürzen in einem Mörser oder einer Gewürzmühle zerkleinern.

info *Diese Gewürzmischung kann man hervorragend in Frischkäse einrühren. Mit ein wenig Zitronen- oder Limettensaft entsteht ein herrlich würziger Brotaufstrich.*

TANDOORI MASALA

Für ca. 30 g
Zubereitung: ca. 15 Min.

◇◇◇◇◇◇◇◇◇◇◇

1 EL Kreuzkümmelsamen
1 EL Koriandersamen
1 EL gemahlener Knoblauch
½ TL gemahlener Ingwer
1 EL Zwiebelpulver
1 Prise Chilipulver
1 EL edelsüßes Paprikapulver
1 TL gemahlene Kurkuma
1 Prise geräuchertes Paprikapulver
1 TL schwarzer Pfeffer, frisch gemahlen
1 ½ TL Salz
1 TL Rote-Bete-Pulver
4 Gewürznelken
1 Prise Zimtpulver
½ TL frisch geriebene Muskatnuss
1 TL Kokosblütenzucker

1. Alle Gewürze in einem Mörser oder einer Gewürzmühle zerkleinern. In ein dunkles Schraubglas umfüllen und an einem trockenen Ort aufbewahren.

info *Diese Gewürzmischung passt wunderbar zu Geflügel und anderen Fleischgerichten. Für alle BBQ-Fans: Das Gewürz mit etwas Öl vermischen und als Rub für Grillfleisch verwenden.*

GHEE – BUTTER-SCHMALZ

Für ca. 350 g
Zubereitung: 20 Min.

◇◇◇◇◇◇◇◇◇◇◇

500 g Butter

1. Die Butter in einen Topf geben und bei kleiner Hitze langsam zum Schmelzen bringen. Dabei ist es wichtig, dass die Butter nicht anfängt zu köcheln und braun wird.

2. Den geronnenen Milcheiweißschaum nach und nach abschöpfen, bis die Butter klar ist. Anschließend die Flüssigkeit durch ein feines Sieb oder mehrlagiges Küchenpapier passieren.

3. Das Ghee abkühlen lassen und in ein Glas mit Schraubverschluss füllen. Im Kühlschrank aufbewahren. Bei Kälte wird das Ghee hart, durch Wärme wird es wieder flüssig.

info *Im Unterschied zu Butter enthält Ghee so gut wie kein Milcheiweiß und nur noch sehr wenig Wasser. Ghee gehört in der indischen Küche seit Jahrhunderten zu den wichtigsten Speisefetten. In Indien glaubt man, dass Ghee das Erinnerungsvermögen, den Intellekt und die Verdauungskraft stärkt.*

CURRYBUTTER

Für ca. 550 g
Zubereitung: 15 Min.

500 g zimmerwarme Butter
½ TL Salz

Für die Currypaste
½ TL gemahlener Koriander
½ TL Garam Masala
½ TL gemahlener Kreuzkümmel
1 Msp. gemahlener Ingwer
1 Msp. Zimtpulver
½ TL gemahlene Kurkuma
½ TL Currypulver
1 Msp. Chilipulver
½ TL Paprikapulver
2 EL Rapsöl

1. Die Butter ca. 1 Std. vorab aus dem Kühlschrank nehmen, damit sie Raumtemperatur annimmt. Die warme Butter in eine Rührschüssel geben, mit dem Salz vermengen und glatt rühren.

2. Für die Currypaste alle Gewürze mischen. Einen Topf oder eine Pfanne mit dem Öl auf mittlerer Hitze erhitzen. Nun die Gewürzmischung hinzugeben und ca. 1 Min. leicht anrösten. Dabei darauf achten, dass die Gewürze nicht zu viel Hitze abbekommen, damit sie nicht bitter werden.

3. Die angerösteten Gewürze zu der Butter geben und schön glatt rühren.

info *Die Currybutter lässt sich beim Grillen hervorragend als Ersatz für Kräuterbutter zum Fleisch verwenden. Wer sein Brot gerne würzig mag, benutzt die Butter als Unterlage für Käse- oder Geflügelwurstbrote.*

PANEER-KÄSE

Für 4 Personen
Zubereitung: 15 Min.
Ruhen: über Nacht
Pro Portion ca. 170 kcal

1 l Milch (3,5 %)
2 Zitronen

1. Die Milch in einem Topf auf ca. 90° erwärmen und gut aufpassen, dass sie nicht kocht.

2. Die Zitronen halbieren und auspressen. Den Zitronensaft zur Milch geben und vorsichtig unterrühren. Einige Minuten warten, bis die Milch gerinnt und sich der Käse von der Molke trennt.

3. Ein Sieb mit einem Geschirrtuch auslegen und auf eine Schüssel setzen. Den Inhalt des Topfes hineingeben und die Molke in die Schüssel tropfen lassen. Die im Käse verbliebene Molke vorsichtig aus dem Küchentuch pressen. Die Seiten des Küchentuchs umklappen und die Masse im Sieb beschweren. Die Molke anderweitig verwenden, z. B. zum Brotbacken.

4. Den Käse im Sieb über Nacht stehen lassen, sodass er fest werden kann. Den fertigen Käse in einer Schüssel im Kühlschrank aufbewahren, er hält ca. 1 Woche.

info *Paneer-Käse lässt sich in endlos vielen Varianten verwenden. Man kann ihn zum Beispiel statt Tofu als Einlage in Currys geben oder wie Feta zum Salat oder mit Spinat für eine Füllung für Teigtaschen verwenden.*

DIE BASICS

Natürlich gibt es in Indien viele Zutaten, die in unseren Supermärkten hier nicht unbedingt zu finden sind. Daher versuche ich, meine Rezepte so zu entwickeln, dass man auch mit hierzulande gängigen Produkten auskommt und nicht einzelne Zutaten online bestellen oder dafür kilometerweit zum nächsten indischen Lebensmittelgeschäft fahren muss.

Dennoch gibt es einige Grundzutaten, insbesondere Gewürze und Gewürzmischungen, die nicht fehlen dürfen, wenn man indisch kochen will. Gewürze wie Koriander, Kreuzkümmel, Fenchel und Ingwer sollten immer im Vorrat sein, man bekommt sie inzwischen auch im Supermarkt. Außerdem empfehle ich, dass ihr euch eine Gewürzmischung zusammenstellt, die ihr dann nicht nur für ein bestimmtes Gericht, sondern öfter und für mehrere Rezepte verwenden könnt. Am besten, ihr probiert die Gewürzmischungen in diesem Kapitel nach und nach aus.

Ghee ist das Fett in Indien, mit dem nahezu jedes Gericht zubereitet wird. Deshalb findet ihr hier auch ein Rezept für die Herstellung von Ghee. Das Vorurteil, dass indische Hauptgerichte durch den Einsatz von Ghee oft sehr fettig sind und schwer im Magen liegen, stimmt nur bedingt. Denn es kommt wie immer darauf an, wie man es verwendet. Bei mir im Restaurant koche ich auch mit Ghee, allerdings nehme ich für ein Gericht nur einen halben Esslöffel voll. Dadurch habe ich nach wie vor den gewünschten Effekt, dass die Gewürze im Fett gut anrösten, ihre Aromen schön entfalten und sich geschmeidig um das Gemüse oder das Fleisch legen, ohne dass später ein Fettfilm auf dem Gericht schwimmt. Beim Einsatz von Ghee kommt es auf die richtige Dosis an.

Paneer – ein Allrounder

Außerdem werdet ihr herausfinden, wie man Paneer-Käse selber machen kann. Paneer ist eine Art Frischkäse aus Kuhmilch. Nur dass er deutlich fester ist als Frischkäse, wie wir ihn hier kennen. Er hat einen ganz eigenen Geschmack und eignet sich durch seine besondere Konsistenz nicht nur als Fleischersatz für Currys. Man kann ihn in Stücke geschnitten wunderbar anbraten und mit einer Gewürzmarinade und einer Sauce oder einem Chutney als Beilage genießen. Oder ihr steckt Paneer mit anderen Zutaten auf Spieße und grillt ihn.
Die Grundrezepte in diesem Kapitel finden sich in vielen Rezepten in diesem Buch wieder.

Snacks & Streetfood

KAPITEL 2

Wunderbare Inspiration für den kleinen Hunger. Ob Fleischgenuss mit Huhn oder Rind, vegetarisch mit Kartoffeln oder Auberginen – hier gibt's Genuss für alle!

MINCED BUTTER CHICKEN MASALA SANDWICH

Für 4 Personen
Zubereitung: 40 Min.
Pro Portion ca. 295 kcal

◇◇◇◇◇◇◇◇◇◇◇

400 g Hähnchenbrustfilet
1 Fleischtomate
2 Knoblauchzehen
1 rote Zwiebel
1 Stück Ingwer (10 g)
10 g Koriandergrün
1 mittelscharfe Chilischote
1 Limette
2 EL Butter
1 EL mildes Currypulver
1 EL edelsüßes Paprikapulver
2 EL Joghurt (10 %)
1 EL Frischkäse
1 Prise Rohrzucker
Salz, Pfeffer
4 Brioche-Brötchen

1. Das Hähnchenbrustfilet in feine Streifen schneiden. Die Fleischtomate waschen, halbieren, vierteln, die Kerne entfernen und das Fruchtfleisch fein würfeln. Knoblauch sowie Zwiebel schälen und fein würfeln. Den Ingwer schälen und reiben. Den Koriander waschen, trocken schütteln und hacken. Die Chilischote längs halbieren, die Kerne entfernen und die Hälften fein würfeln. Die Limette halbieren und auspressen.

2. Eine Pfanne mit 1 EL Butter auf mittlerer Stufe erhitzen und das Hähnchen darin 3–4 Min. anbraten. Wieder herausnehmen, auf ein Schneidebrett legen, kurz abkühlen lassen und fein hacken.

3. Die übrige Butter (1 EL) in der Pfanne auf mittlerer Stufe erhitzen. Tomaten, Knoblauch, Zwiebeln, Ingwer, Koriander sowie Chili dazugeben und 3–4 Min. dünsten. Currypulver sowie Paprikapulver hinzugeben, zügig unterrühren und mit dem Limettensaft ablöschen.

4. Das gehackte Hähnchen wieder in die Pfanne geben, Joghurt und Frischkäse hinzufügen und alle Zutaten vermengen. Mit dem Rohrzucker würzen und mit Salz sowie Pfeffer abschmecken.

5. Das Hähnchen aus der Pfanne nehmen, dabei darf ruhig etwas Sauce in der Pfanne bleiben. Die Brioche-Brötchen aufschneiden, mit dem Hähnchen füllen und zuklappen. Die gefüllten Brötchen in die Pfanne geben, den Deckel auflegen und die Brötchen in der Resthitze der Pfanne 3–4 Min. erwärmen.

SPICY KARTOFFEL-CRÊPES

Für 4 Personen
Zubereitung: 40 Min.
Garen: 20 Min.
Einweichen: 12 Std.
Pro Portion ca. 300 kcal

Für den Teig
300 g Basmatireis
100 g weiße Linsen
Salz
1 TL Bockshornkleesamen

Für die Füllung
600 g Kartoffeln
4 Knoblauchzehen
1 Stück Ingwer (10 g)
10 g Koriandergrün
1 Zitrone
10 getrocknete Curryblätter
2 TL edelsüßes Paprikapulver
1 TL Garam Masala
½ TL gemahlener Kreuzkümmel
½ TL gemahlener Koriander
2 Msp. Chilipulver
Salz, Pfeffer

Außerdem
Rapsöl zum Braten
flüssiges Ghee zum Beträufeln

1. Für den Teig Reis, Linsen, 1 TL Salz und die Bockshornkleesamen in eine Schüssel geben. Mit 1 l warmem Wasser auffüllen und die Zutaten ca. 12 Std. darin einweichen.

2. Für die Füllung die Kartoffeln in kochendem Wasser ca. 20 Min. garen, abgießen und mit der Schale in eine große Schüssel geben. Knoblauch und Ingwer schälen, fein reiben und zu den Kartoffeln geben. Den Koriander hacken und ebenfalls dazugeben.

3. Die Zitrone halbieren und die Hälften auspressen. Curryblätter, Paprika, Garam Masala, Kreuzkümmel, Koriander, Chilipulver, Salz und den Zitronensaft zu den Kartoffeln geben. Die Kartoffeln zerdrücken und mit 1 TL Salz und Pfeffer abschmecken.

4. Die eingeweichte Reismischung im Mixer mit 75 % der Flüssigkeit (die restlichen 25 % bereitstellen) zu einem sehr feinen crêpeartigen Teig verarbeiten. Je nach Power des Mixers zum Schluss noch etwas Einweichwasser untermixen.

5. Eine Pfanne mit Rapsöl erhitzen und etwas Teig darin so dünn verstreichen, dass der Pfannenboden durchschimmert. Mit etwas Ghee beträufeln. Den Pfannkuchen bei mittlerer Hitze pro Seite ca. 2 Min. braten. Je nach Pfanne und Herd kann es auch schneller gehen oder etwas länger dauern. Am besten 2 Probe-Crêpes machen! Herausnehmen und auf einen Teller legen. Den gesamten Teig auf diese Weise zu Crêpes verarbeiten.

6. Die Crêpes mit der Kartoffelmasse füllen und zusammenrollen.

tipp *Ghee, das indische Butterschmalz, ist im kalten Zustand hart. Es gibt zwei Möglichkeiten, es für dieses Rezept zu verflüssigen: Entweder die Packung vorab in etwas heißes Wasser geben. Oder einen Löffel in das Ghee eintauchen und das gehärtete Fett mit der Außenseite des Löffels durch die heiße Pfanne gleiten lassen.*

LIME PEANUT POPCORN

Für 4 Personen
Zubereitung: 35 Min.
Einweichen: 1 Std.
Pro Portion ca. 970 kcal

500 g geschälte ungesalzene Erdnusskerne
4 EL Kichererbsenmehl
2 TL Maismehl
½ TL Backpulver
1 TL Salz
1 Msp. Chilipulver
½ TL gemahlene Kurkuma
1½ TL Garam Masala
½ TL edelsüßes Paprikapulver
1 Limette
4 EL Rapsöl

1. Die Erdnüsse in einer Schüssel mit kaltem Wasser bedecken und ca. 1 Std. einweichen. Abgießen und in eine Schüssel geben.

2. Den Backofen auf 160° Ober-/Unterhitze vorheizen. Kichererbsenmehl, Maismehl, Backpulver, Salz, Chilipulver, Kurkuma, Garam Masala und Paprikapulver in einer Schüssel mit einem Schneebesen vermengen.

3. Die Mehl-Gewürz-Mischung in ein Küchensieb geben und nach und nach über die Erdnüsse streuen. Die Limette halbieren und auspressen. Limettensaft und Rapsöl über die Nüsse träufeln und alles vermengen. Das Mehl sollte sich mit den Gewürzen verbunden haben und an den Erdnüssen kleben. Falls das nicht der Fall sein sollte, ca. 2 EL lauwarmes Wasser über die Mischung geben, um den Teig noch etwas anzufeuchten. Nun müssten die Erdnüsse schön verkleben.

4. Die Erdnüsse auf einem mit Backpapier belegten Ofengitter verteilen und im Ofen (Mitte) 20–25 Min. backen, bis sie goldbraun sind. Herausnehmen, abkühlen lassen und schmecken lassen.

tipp *Alternativ zum Backofen kann auch eine hohe Pfanne oder ein Topf mit ca. 5 cm hoch Rapsöl erhitzt werden. Die Nüsse dann portionsweise in einen Schöpflöffel legen und im heißen Öl ca. 1 Min. ausbacken.*

STUFFED PURIS

Für 4 Personen
Zubereitung: 30 Min.
Pro Portion ca. 815 kcal

Für den Teig
240 g Maida-Mehl
20 g Weizengrieß

Für die Füllung
1 rote Zwiebel
1 Stück Ingwer (10 g)
2 Knoblauchzehen
1 Chilischote
300 g Paneer (ind. Frischkäse)
1 Zitrone
10 g Minze
2 EL Rapsöl
10 getrocknete Curryblätter
400 g Rinderhack
Salz, Pfeffer, Zucker

Außerdem
Rapsöl zum Ausbacken
Salz, Pfeffer, Zucker

1. Für den Teig Maida-Mehl und Weizengrieß mit 150 ml Wasser glatt verkneten. Den Teig auf der Arbeitsfläche groß und flach ausrollen. Mit einem Glas oder einer Tasse kleine Kreise ausstechen. Ca. 2 cm hoch Rapsöl in eine hohe Pfanne füllen und erhitzen. Die Teigfladen darin portionsweise pro Seite ca. 1 Min. ausbacken, bis sie goldbraun und knusprig sind.

2. Für die Füllung Zwiebel, Ingwer und Knoblauch schälen und fein würfeln. Die Chilischote waschen, längs halbieren, entkernen und fein würfeln. Den Paneer zerbröseln. Die Zitrone halbieren und auspressen. Die Minze waschen, trocken schütteln und hacken.

3. Das Rapsöl in einer Pfanne auf mittlerer Stufe erhitzen. Curryblätter, Zwiebel, Ingwer, Knoblauch und Chili dazugeben und 3–4 Min. andünsten. Die Hitze etwas erhöhen, das Hackfleisch hineingeben und unter Rühren mitbraten, bis es krümelig ist.

4. Paneer und Minze hinzugeben und mit Zitronensaft beträufeln. Mit Salz, Pfeffer und etwas Zucker abschmecken.

5. Die knusprigen Teigfladen mittig eindrücken, sodass sie aufbrechen. Mit der Hackfleischmischung füllen und servieren.

info *Maida-Mehl ist ein fein gemahlenes, raffiniertes Weizenmehl, sehr ähnlich zu Kuchenmehl. Es wird für die Herstellung von Backwaren wie Kuchen und traditionellem Brot verwendet. Auch für manche Süßigkeiten nimmt man es.*

DATTEL-AUBERGINEN-MUS BENGALI STYLE

Für 4 Personen
Zubereitung: 45 Min.
Pro Portion ca. 295 kcal

◇◇◇◇◇◇◇◇◇◇◇

2 große Auberginen
2 EL Rapsöl
2 rote Zwiebeln
2 Knoblauchzehen
1 mittelscharfe Chilischote
500 g Tomaten
1 EL Butter (oder Rapsöl)
1 TL edelsüßes Paprikapulver
½ TL grobes Meersalz
½ TL gemahlener Kreuzkümmel
½ TL gemahlene Kurkuma
20 g Petersilie
1 EL Crème fraîche
50 g Datteln (entkernt)
1 Spritzer Limettensaft
1 EL Olivenöl
Salz, Pfeffer

1. Den Backofen auf 200° Ober-/Unterhitze vorheizen. Die Auberginen mehrmals von allen Seiten mit einem Messer oder einer Gabel einstechen. Mit je 1 EL Rapsöl einpinseln und auf ein Backblech legen. Im Ofen (Mitte) ca. 30 Min. (je nach Größe) backen, bis das Fruchtfleisch weich ist.

2. Inzwischen Zwiebeln und Knoblauch schälen und fein würfeln. Die Chilischote waschen, halbieren, entkernen und fein würfeln. Die Tomaten waschen, halbieren, die Kerne mit einem Löffel herauslösen und das Fruchtfleisch grob würfeln.

3. Die Butter in einer Pfanne oder einem Topf erhitzen. Zwiebeln, Knoblauch, Chili und Tomatenwürfel dazugeben und zugedeckt bei mittlerer Hitze ca. 5 Min. anschwitzen. Den Deckel abnehmen und alles offen bei mittlerer Hitze ca. 5 Min. weitergaren. Paprikapulver, Meersalz, Kreuzkümmel und Kurkuma dazugeben und 1 Min. unterrühren. Die Pfanne vom Herd nehmen. Petersilie waschen, trocken schütteln und dazugeben. Crème fraîche, Datteln, Limettensaft und das Olivenöl hinzufügen. Alles in einem Mixer oder mit einem Pürierstab zu einer Currypaste mixen.

4. Die Auberginen aus dem Ofen nehmen und kurz abkühlen lassen. Anschließend vorsichtig die Haut abziehen und das Fruchtfleisch auf Küchenpapier legen, da es noch Wasser verliert. Die Auberginen noch etwas trocken tupfen, dann mit einer Gabel in einer Schüssel zerdrücken und mit der Currypaste vermengen. Mit Salz und Pfeffer abschmecken.

tipps *Wer eine feine Ingwernote haben möchte, kann zuletzt noch frisch geriebenen Ingwer dazugeben. Für ein intensiveres Knoblaucharoma kann man klein gewürfelte Knoblauchzehen in die Einstiche der Auberginen drücken und mitbacken.*

SALATBLÄTTER MIT CHILI-HÄHNCHEN

Für 4 Personen
Zubereitung: 25 Min.
Garen: 20 Min.
Abkühlen: 30 Min.
Pro Portion ca. 350 kcal

Für den Reis
1 EL Rapsöl
½ TL Salz
2 Tassen Basmatireis (240 g)
20 g Minze
1 EL Joghurt
150 g Kokosmilch
½ Limette

Für das Topping
300 g Hähnchenbrustfilet
1 Knoblauchzehe
50 g gesalzene Erdnusskerne
1 EL Kokosöl
1 Msp. Chilipulver
2 Römersalatherzen

1. Für den Reis einen Topf mit 3,5 Tassen (420 ml) Wasser zum Kochen bringen. Öl, Salz und den Reis hinzugeben und bei kleiner Hitze zugedeckt ca. 20 Min. garen. Den Reis anschließend ca. 30 Min. abkühlen lassen.

2. Inzwischen die Minze waschen, trocken schütteln und fein hacken. Minze, Joghurt und Kokosmilch unter den abgekühlten Reis heben. Die Limettenhälfte auspressen und den Reis mit dem Saft beträufeln.

3. Für das Topping das Hähnchenbrustfilet in sehr feine Streifen schneiden. Den Knoblauch schälen und fein würfeln. Die Erdnüsse fein hacken und beiseitestellen. Das Kokosöl in einer Pfanne auf mittlerer Stufe erhitzen und das Hähnchen sowie die Knoblauchwürfel dazugeben. Ca. 2 Min. anbraten und mit dem Chilipulver würzen.

4. Die Salatherzen auseinanderzupfen, waschen und trocken tupfen. Den Joghurt-Kokos-Reis auf die Blätter verteilen und mit den Hähnchenstreifen und den gehackten Erdnüssen toppen.

GEBACKENE SÜSS-KARTOFFEL-CHOLE

Für 4 Personen
Zubereitung: 35 Min.
Backen: 1 Std.
Pro Portion ca. 835 kcal

Für die Süßkartoffeln
4 große Süßkartoffeln (à ca. 400 g)
1 Zwiebel
2 Knoblauchzehen
1 Dose Kichererbsen (250 g Abtropfgewicht)
1 EL Olivenöl
1 EL Butter
1 EL Tomatenmark
1 TL edelsüßes Paprikapulver
1 Msp. Chilipulver
1 TL gemahlener Kreuzkümmel
1 TL gemahlener Koriander
½ TL gemahlene Kurkuma
1 Dose stückige Tomaten (400 g)
Salz, Pfeffer

Für den Dip
10 g Petersilie
200 g Doppelrahmfrischkäse
1 TL Honig
1 EL Rapsöl
Saft von ½ Limette
Salz, Pfeffer

1. Für die Süßkartoffeln den Backofen auf 200° Ober-/Unterhitze vorheizen. Die Süßkartoffeln waschen und mit einer Gabel 4- bis 5-mal einstechen. Die Süßkartoffeln auf ein Backblech legen und im Ofen (Mitte) je nach Größe ca. 1 Std. backen.

2. Inzwischen Zwiebel und Knoblauch schälen und in feine Würfel schneiden. Die Kichererbsen in ein Sieb abgießen, abtropfen, kurz mit kaltem Wasser abspülen und mit Küchenpapier trocken tupfen.

3. Eine Pfanne mit dem Olivenöl erhitzen. Die Zwiebel- und Knoblauchwürfel dazugeben und bei mittlerer Hitze ca. 5 Min. dünsten. Die Butter und das Tomatenmark unterrühren, bis die Butter geschmolzen ist.

4. Paprikapulver, Chilipulver, Kreuzkümmel, Koriander und Kurkuma hinzufügen und ca. 30 Sek. anrösten. Zügig mit den stückigen Tomaten ablöschen. Die Kichererbsen dazugeben und die Mischung bei kleiner bis mittlerer Hinze ca. 5 Min. köcheln lassen. Zuletzt mit Salz und Pfeffer abschmecken.

5. Für den Dip die Petersilie waschen, trocken schütteln und fein hacken. Den Frischkäse in einer Schüssel mit Honig, Rapsöl und dem Limettensaft glatt rühren. Mit Salz und Pfeffer würzen.

6. Die Süßkartoffeln aus dem Ofen nehmen, längs aufschneiden und das Fruchtfleisch mit einer Gabel etwas auflockern. Die Süßkartoffeln mit dem Tomaten-Kichererbsen-Mix füllen und mit dem Dip toppen.

KOKOS-SÜSSKARTOFFEL-SUPPE

Für 4 Personen
Zubereitung: 35 Min.
Pro Portion ca. 270 kcal

600 g Süßkartoffeln
2 Knoblauchzehen
1 Stück Ingwer (10 g)
1 TL Zucker
Salz
1 TL gemahlener Koriander
1 TL gemahlener Kreuzkümmel
2 TL edelsüßes Paprikapulver
1 Msp. Chilipulver
700 g Kokosmilch
250 ml Tomatensaft
250 ml Apfelsaft (naturtrüb)

1. Die Süßkartoffeln schälen, halbieren und in kochendem Wasser in ca. 25 Min. weich kochen.

2. Inzwischen den Knoblauch schälen und in Würfel schneiden. Den Ingwer schälen und reiben.

3. Die Süßkartoffeln abgießen. Mit Zucker, 2 TL Salz, den gemahlenen Gewürzen, Kokosmilch, Tomatensaft und Apfelsaft in einen Mixer geben und zu einer homogenen Suppe mixen.

tipp *Wenn der Ingwer superfrisch ist, kann die Schale mitverwendet werden.*

LINSEN-FALAFELN

Für 4 Personen (ca. 20 Stück)
Zubereitung: 35 Min.
Einweichen: 2 Std.
Pro Portion ca. 435 kcal

◇◇◇◇◇◇◇◇◇◇◇◇

250 g rote Linsen
150 ml Apfelsaft (naturtrüb)
2 EL Rapsöl
Salz

Für die Würzmischung
2 Knoblauchzehen
1 EL Currypulver
1 TL edelsüßes Paprikapulver
1 Msp. Chilipulver
1 Msp. gemahlener Kreuzkümmel
1 TL Rapsöl
½ TL brauner Zucker
1 Päckchen Backpulver
2 Spritzer Zitronensaft
2 EL Paniermehl
2 EL Weizenmehl
Salz, Pfeffer

Außerdem
Mehl zum Arbeiten
Rapsöl zum Braten, Frittieren oder Bestreichen

1. Die Linsen in einen Topf geben. Den Apfelsaft, 100 ml Wasser, das Öl und ½ TL Salz hinzufügen. Die Linsen in der Flüssigkeit ca. 2 Std. einweichen.

2. Den Topf mit den Linsen auf den Herd stellen und bei kleiner Hitze offen zum Köcheln bringen. Unter ständigem Rühren ca. 10 Min. garen, bis die Linsen sich gelb färben. Den Topf vom Herd nehmen, die Linsen kurz abkühlen lassen und mit der Flüssigkeit in eine Schüssel geben.

3. Für die Würzmischung den Knoblauch schälen und fein hacken. Knoblauch, alle Gewürze, Öl, Zucker, Backpulver, Zitronensaft und beide Mehlsorten nach und nach zu den Linsen geben. Alles gut vermengen und mit Salz und Pfeffer abschmecken.

4. Aus der Linsenmasse mit zwei Löffeln kleine Nocken formen und auf eine mehlierte Oberfläche (z. B. ein Tablett oder Backblech) legen. Mit leicht angefeuchteten Handflächen die Falafeln in die gewünschte Form bringen.

5. Zum Fertigstellen der Falafeln gibt es mehrere Möglichkeiten: Eine große Pfanne mit Rapsöl erhitzen und die Falafeln darin bei kleiner Hitze von allen Seiten in ca. 10 Min. goldbraun braten. Oder in einem Topf in reichlich Rapsöl goldbraun frittieren.

tipp *Wer es weniger ölig mag, bereitet die Falafeln im Backofen zu. Den Backofen auf 180° Umluft vorheizen. Die Falafeln mit Rapsöl bestreichen und im Ofen (Mitte) 10–15 Min. backen.*

ROTE-BETE-KROKETTEN KACHORI

Für 4 Personen (ca. 20 Stück)
Zubereitung: 35 Min.
Abkühlen: 1 Std.
Pro Portion ca. 610 kcal

2 Zwiebeln
2 Knoblauchzehen
1 mittelscharfe Chilischote
1 Glas Rote-Bete-Streifen (Abtropfgewicht 440 g)
100 g Butter
2 EL Rapsöl
½ TL gemahlener Koriander
½ TL gemahlener Kreuzkümmel
1 TL edelsüßes Paprikapulver
5 EL Mehl
500 ml Milch
Salz, Pfeffer
3 Eier
100 g Semmelbrösel
Rapsöl zum Ausbacken

1. Zwiebeln und Knoblauch schälen und in feine Würfel schneiden. Die Chilischote waschen, halbieren, entkernen und ebenfalls in feine Würfel schneiden. Die Rote Bete abgießen, die übrige Flüssigkeit aus den Streifen herausdrücken und die Rote Bete fein hacken.

2. Die Butter in einer Pfanne oder einem Topf erhitzen und die Zwiebeln dazugeben. Bei mittlerer Hitze ca. 5 Min. andünsten.

3. Rapsöl, Knoblauch, Chili, Koriander, Kreuzkümmel und Paprikapulver hinzugeben und alles verrühren. Das Mehl langsam mit einem Schneebesen einrühren, bis es etwas braun wird und glatt gerührt ist, das dauert ca. 2 Min. Die Milch langsam dazugeben und mit dem Schneebesen einrühren. Die Hitze erhöhen und warten, bis ein schöner fester Teig entsteht.

4. Zum Schluss die Rote Bete hinzufügen, mit Salz und Pfeffer abschmecken und mit einem Kochlöffel rühren, bis sich alle Zutaten gut vermengt haben. Den Teig ca. 1 Std. abkühlen lassen.

5. Aus dem Teig mit zwei Löffeln ca. 20 Kroketten formen. Die Eier in einem tiefen Teller verquirlen. Die Semmelbrösel ebenfalls in einen tiefen Teller füllen.

6. Die Kroketten zuerst ins Ei geben und anschließend rundherum mit den Semmelbröseln panieren. Eine hohe Pfanne oder einen Topf mit reichlich Rapsöl erhitzen und die Kroketten darin portionsweise goldbraun ausbacken. Herausnehmen und auf Küchenpapier entfetten.

tipp *Man kann Kachori auch im Backofen zubereiten. Den Ofen auf 180° Ober-/Unterhitze vorheizen und die Kroketten auf einem Blech (Mitte) ca. 10 Min. garen.*

ROTE INGWERSHOT-GAZPACHO MIT MINZE

Für 4 Personen
Zubereitung: 20 Min.
Kühlen: 25 Min.
Pro Portion ca. 465 kcal

400 g rote Paprika
1 Salatgurke
400 g Fleischtomaten
1 rote Zwiebel
1 Knoblauchzehe
4 Scheiben Vollkorntoast
100 ml Gemüsebrühe
½ Zitrone
25 ml Ingwershot
100 g getrocknete Tomaten (in Öl)
400 ml Tomatensaft
1 EL edelsüßes Paprikapulver
4 EL Olivenöl
½ Glas eingelegte Rote Bete (220 g Abtropfgewicht)
10 Blätter Minze
1 TL Honig
Salz, Pfeffer, Chilipulver

1. Paprika sowie Gurke waschen, entkernen und klein schneiden. Die Tomaten blanchieren, häuten, entkernen und klein schneiden. Zwiebel sowie Knoblauch schälen und fein würfeln. Das Toastbrot ca. 5 Min. in der Gemüsebrühe einweichen.

2. Die Zitronenhälfte auspressen. Paprika, Gurke, Zwiebel, Knoblauch, Tomaten, Ingwershot, getrocknete Tomaten, Tomatensaft, Toastbrot, Paprikapulver, Olivenöl, Rote Bete, Minze und Honig in einem Mixer oder mit dem Pürierstab fein mixen. Die Gazpacho mit Salz, Pfeffer und Chilipulver abschmecken und bis zum Essen kalt stellen.

tipp *Die Gazpacho kann man auch erhitzen und lauwarm essen. Oder ihr kocht sie auf die Hälfte ein und erhaltet so ein perfektes Pesto!*

SAMOSA ROLL VEGAN

Für 4 Personen (8–10 Stück)
Zubereitung: 55 Min.
Pro Portion ca. 815 kcal

400 g Champignons
1 rote Zwiebel
200 g getrocknete Aprikosen
200 g Walnusskerne
1 Stück Ingwer (10 g)
10 g Koriandergrün
2 EL Rapsöl
½ Tube Tomatenmark
1 TL gemahlener Koriander
1 TL gemahlener Kreuzkümmel
Salz
1 TL Garam Masala
1 Msp. Chilipulver
Saft von ½ Limette
Pfeffer
1 Packung Filoteig (250 g)

Außerdem
Mehl zum Arbeiten
Rapsöl zum Anbraten

1. Die Champignons putzen, trocken abreiben und in Scheiben schneiden. Die Zwiebel schälen und in feine Würfel schneiden. Die getrockneten Aprikosen und die Walnusskerne fein hacken. Die Schale vom Ingwer mit einem Löffel abschaben und den Ingwer fein hacken. Den Koriander waschen, trocken schütteln, fein hacken und beiseitestellen.

2. Eine Pfanne mit dem Rapsöl erhitzen. Champignons, Zwiebel und Ingwer dazugeben und zugedeckt bei mittlerer Hitze ca. 5 Min. dünsten. Den Deckel abnehmen, die Hitze aufs Maximum erhöhen und die Zutaten weitere 2 Min. unter Rühren braten, bis die Flüssigkeit der Champignons verdampft ist.

3. Die Hitze wieder auf mittlere Stufe reduzieren. Tomatenmark, Koriander, Kreuzkümmel, 1 TL Salz, Garam Masala, Chilipulver und Limettensaft zu der Pilzmischung geben und unter Rühren 1 Min. mit andünsten. Aprikosen und Walnüsse hinzufügen und unter Rühren 1 Min. erwärmen, bis eine schöne Masse entsteht. Den Koriander dazugeben und die Füllung mit Salz und Pfeffer abschmecken.

4. Für jede Samosa Roll 2 Lagen Filoteig etwas versetzt aufeinander auf eine mehlierte Arbeitsfläche legen. 2–3 EL Füllung längs auf der Mitte des Teiges verteilen. Die Teigränder etwas befeuchten und den Teig dann vorsichtig zusammenrollen.

5. Eine Pfanne mit Rapsöl erhitzen und die Samosa Rolls darin bei mittlerer Hitze pro Seite in 4–5 Min. goldbraun braten

tipp *Für die Zubereitung im Ofen den Backofen auf 180° Ober-/Unterhitze vorheizen. Die fertigen Samosa Rolls mit Öl bestreichen und auf ein Backblech legen. Im Ofen (Mitte) in 10–12 Min. goldbraun backen.*

SAMOSA ROLL VEGGIE

Für 4 Personen (8–10 Stück)
Zubereitung: 55 Min.
Pro Portion ca. 600 kcal

◇◇◇◇◇◇◇◇◇◇◇

1 Zwiebel
1 Stück Ingwer (10 g)
6 Feigen
10 g frische Minze
2 EL Rapsöl
1 TL Honig
Saft von ½ Limette
2 TL edelsüßes Paprikapulver
1 TL gemahlener Kreuzkümmel
1 Msp. Zimtpulver
1 Msp. Nelkenpulver
Salz
2 Scheiben Graubrot (ca. 150 g)
100 ml Kondensmilch
150 g Feta
1 Packung Filoteig (250 g)

Außerdem
Mehl zum Arbeiten
Rapsöl zum Anbraten

1. Die Zwiebel schälen und in kleine Würfel schneiden. Den Ingwer mit einem Löffel schälen und fein reiben. Die Feigen waschen und ebenfalls in kleine Würfel schneiden. Die Minze waschen, trocken schütteln und fein hacken.

2. Das Rapsöl in einer Pfanne auf mittlerer Stufe erhitzen. Zwiebeln und Ingwer dazugeben und leicht anschwitzen. Die Feigen hinzufügen und ca. 5 Min. dünsten. Honig, Limettensaft, Paprika, Kreuzkümmel, Zimt, Nelken und 1 TL Salz hinzufügen. Alles gut verrühren und die Hitze erhöhen.

3. Das Brot zerkrümeln. Die Kondensmilch und die Brotkrümel in die Pfanne geben und alles gut verrühren. Die Hitze wieder reduzieren und den Feta in die Pfanne bröseln. Die Minze dazugeben und alles gut verrühren.

4. Für jede Samosa Roll 2 Lagen Filoteig etwas versetzt aufeinander auf eine mehlierte Fläche legen. 2–3 EL Füllung längs in der Mitte des Teiges verteilen. Die Teigränder etwas befeuchten und den Teig dann vorsichtig zusammenrollen.

5. Eine Pfanne mit Rapsöl erhitzen und die Samosa Rolls darin bei mittlerer Hitze pro Seite in 4–5 Min. goldbraun braten.

tipp *Für die Zubereitung im Ofen den Backofen auf 180° Ober-/Unterhitze vorheizen. Die fertigen Samosa Rolls mit Öl bestreichen und auf ein Backblech legen. Im Ofen (Mitte) in 10–12 Min. goldbraun backen.*

SAMOSA ROLL MEAT

Für 4 Personen (8–10 Stück)
Zubereitung: 45 Min.
Pro Portion ca. 550 kcal

◇◇◇◇◇◇◇◇◇◇◇

1 Stange Lauch
1 Stück Ingwer (10 g)
½ Zitrone
200 g Rinderhack
4 EL Rapsöl
1 TL schwarze Senfsamen
1 EL mildes Currypulver
1 TL Paprikapulver
Salz
1 Msp. Chilipulver
1 EL Frischkäse
Pfeffer
1 Packung Filoteig (250 g)

Außerdem
Mehl zum Arbeiten
Rapsöl zum Anbraten

1. Den Lauch putzen, gründlich waschen und in feine Ringe schneiden. Den Ingwer mit einem Löffel schälen und fein reiben. Die halbe Zitrone auspressen.

2. Das Hackfleisch in einer Pfanne mit 1 EL Öl krümelig anbraten und beiseitestellen.

3. Ingwer und Lauch mit 2 EL Öl in einer Pfanne bei mittlerer Hitze ca. 5 Min. dünsten. Senfsamen hinzugeben und 1 Min. anbraten. Currypulver, Paprikapulver, ½ TL Salz und Chilipulver dazugeben und alle Zutaten verrühren.

4. Das übrige Rapsöl (1 EL) und das Hackfleisch in die Pfanne geben und alles bei mittlerer Hitze ca. 5 Min. garen. Den Frischkäse einrühren, damit die Masse bindet. Mit Salz, Pfeffer und Zitronensaft abschmecken.

5. Für jede Samosa Roll 2 Lagen Filoteig etwas versetzt aufeinander auf eine mehlierte Fläche legen. 2–3 EL Füllung längs in der Mitte des Teiges verteilen. Die Teigränder etwas befeuchten und den Teig dann vorsichtig zusammenrollen.

6. Eine Pfanne mit Rapsöl erhitzen und die Samosa Rolls darin bei mittlerer Hitze pro Seite in 4–5 Min. goldbraun braten.

tipp *Für die Zubereitung im Ofen den Backofen auf 180° Ober-/Unterhitze vorheizen. Die fertigen Samosa Rolls mit Öl bestreichen und auf ein Backblech legen. Im Ofen (Mitte) in 10–12 Min. goldbraun backen.*

SAMOSA ROLL CLASSIC

Für 4 Personen (8–10 Stück)
Zubereitung: 45 Min.
Pro Portion ca. 430 kcal

◇◇◇◇◇◇◇◇◇◇◇

200 g festkochende Kartoffeln
200 g Kichererbsen (aus der Dose)
2 EL Rapsöl
1 TL schwarze Senfsamen
Saft von ½ Limette
1 Msp. Chilipulver
½ TL gemahlener Kreuzkümmel
1 EL Currypulver
10 Blätter Koriandergrün
1 TL edelsüßes Paprikapulver
Salz, Pfeffer
1 Packung Filoteig (250 g)

Außerdem
Mehl zum Arbeiten
Rapsöl zum Anbraten

1. Die Kartoffeln weich kochen, abkühlen, zerdrücken und in einer Schüssel beiseitestellen. Die Kichererbsen in ein Sieb abgießen, abtropfen lassen und kurz mit kaltem Wasser abspülen. Das Rapsöl in einer Pfanne erhitzen und die Kichererbsen mit den Senfsamen darin bei mittlerer Hitze ca. 2 Min. anbraten.

2. Die Kichererbsen zu den Kartoffeln geben und beides gut vermengen. Mit dem Limettensaft beträufeln, mit Chilipulver, Kreuzkümmel, Currypulver, Korianderblättern und Paprikapulver würzen. Alle Zutaten verkneten und mit Salz und Pfeffer abschmecken.

3. Für jede Samosa Roll 2 Lagen Filoteig etwas versetzt aufeinander auf eine mehlierte Fläche legen. 2–3 EL Füllung längs in der Mitte des Teiges verteilen. Die Teigränder etwas befeuchten und den Teig dann vorsichtig zusammenrollen.

4. Eine Pfanne mit Rapsöl erhitzen und die Samosa Rolls darin bei mittlerer Hitze pro Seite in 4–5 Min. goldbraun braten.

tipp *Für die Zubereitung im Ofen den Backofen auf 180° Ober-/Unterhitze vorheizen. Die fertigen Samosa Rolls mit Öl bestreichen und auf ein Backblech legen. Im Ofen (Mitte) in 10–12 Min. goldbraun backen.*

FEINE KLEINIGKEITEN

Streetfood – ein großes Wort! Unsereins kann sich kaum vorstellen, was für eine Vielfalt an Kleinigkeiten, Broten und Snacks sich in Indien dahinter versteckt.

Die Esskultur in Indien könnte kaum unterschiedlicher zur deutschen sein. In Indien findet man an jeder Straßenecke einen Stand, oftmals auf ein klappriges Fahrrad oder einen in die Jahre gekommenen Motorroller gebaut. Mit einfachsten Mitteln, etwa mit einer Wokpfanne, die zum Frittieren genutzt wird, oder einer Art Crêpe-Platte, auf der Brote oder Pfannkuchen gebacken werden, zaubern die Inder herrliche Snacks für kleines Geld. Das Beste daran: Es werden nur ganz frische Zutaten genutzt, etwa Kräuter und Gemüse als Belag für Uttapams (Reismehlpfannkuchen) oder als Füllung für Samosas.
Als ich mit 20 Jahren länger durch Indien gereist bin, hatte ich die Leidenschaft fürs Kochen bereits für mich entdeckt. Ich hatte mir damals vorgenommen, mehr über die traditionelle indische Küche zu erfahren. Gesagt, getan. Zunächst verbrachte ich einige Tage bei meiner Familie in Bombay. Zu jeder Mahlzeit war ich bei einer anderen Tante oder Cousine eingeladen. Besonders beeindruckt hat mich nicht nur, wie unterschiedlich vermeintlich gleiche Currys in den verschiedenen Familien schmeckten, sondern auch, mit wie wenig Platz und Equipment die Inderinnen in ihren Küchen unzählige Gerichte und Kleinigkeiten zauberten, die dann alle gleichzeitig serviert wurden. Inder essen nicht ein Gericht mit Reis als Beilage, sondern es werden viele Leckereien, Currys, Brote und unterschiedliche Reiszubereitungen auf den Tisch gestellt und jeder nimmt sich von allem. Essen ist eine soziale Interaktion, bei der es für mein doch sehr deutsches Ohr auch oft etwas zu laut wird. In Indien gilt: Wer am lautesten spricht, dem wird zugehört.

Streetfood daheim genießen

Das Chaos und die Lautstärke, die in Indien den Alltag bestimmen, sind allgegenwärtig. Wenn man Streetfood isst, ist es laut, voller Menschen, stickig und sehr warm. Lustig wird es, wenn man an einen Koch gerät, der an Schärfe nicht spart. So viel, wie ich in Indien geschwitzt habe, so viel scharfes Essen, wie ich dort gegessen habe, und so viel Abwechslung, wie mir dort begegnet ist, habe ich nirgendwo anders auf der Welt erlebt. Diese Erfahrungen haben meine Art zu kochen sehr geprägt.
Am besten bereitet ihr mehrere Rezepte aus diesem Kapitel für ein Abendessen zu und stellt alles auf den Tisch. Ganz bestimmt wird eine herrlich gesprächige Runde entstehen.

Beilagen

KAPITEL 3

Ideal für davor, dazwischen, dazu und danach – Naan-Brot in Variationen, duftender, würziger Reis, Chutneys, Raitas und Chipotle sind perfekte Begleiter und Allrounder!

KURKUMA-CHIPOTLE

Für 4 Personen
Zubereitung: 15 Min.
Pro Portion ca. 260 kcal

1 Knoblauchzehe
1 mittelscharfe Chilischote
1 Ei
Salz
2 Prisen Zucker
1 EL Senf
100 ml Rapsöl
½ TL gemahlene Kurkuma
Saft von ½ Limette

1. Den Knoblauch schälen und grob hacken. Die Chilischote waschen, längs halbieren und entkernen.

2. Das Ei in einen schmalen, hohen Rührbecher aufschlagen. 2 Prisen Salz, Zucker und Senf hinzugeben und mit einem Pürierstab langsam aufmixen. Das Öl in einem dünnen Strahl unter ständigem Mixen dazugeben, sodass eine homogene Creme entsteht.

3. Zum Schluss Knoblauch, Chili, Kurkuma und Limettensaft dazugeben und untermixen. Die Chipotle in eine Schüssel umfüllen.

info *Diese Chipotle ist einfach eine bessere Mayonnaise und schmeckt zu allem, wozu auch Mayo passt. Der Name »Chipotle« steht normalerweise für geräucherte Jalapeño-Chilischoten, ich nehme eine einfach Chilischote (die ist nicht so scharf) und ersetze das Raucharoma durch Kurkuma.*

RED SLAW

Für 4 Personen
Zubereitung: 25 Min.
Ziehen: 2 Std.
Pro Portion ca. 290 kcal

½ Rotkohl (ca. 500 g)
2 EL Zucker
Salz
1 Stück Ingwer (20 g)
4 Knoblauchzehen
4 EL Rapsöl
1 TL gemahlene Kurkuma
1 Msp. Chilipulver
Saft von 1 Limette
4 EL Aprikosenkonfitüre
4 EL Joghurt (3,5 %)

1. Den Strunk aus dem halben Rotkohl herausschneiden, die Hälfte in feine Streifen schneiden und in eine große Schüssel geben, Den Zucker und 1 TL Salz dazugeben und mit den Händen gut vermengen, die Rotkohlstreifen dabei kräftig kneten. Durch das Kneten brechen die Zellen im Kohl auf. So kann er Zucker und Salz aufnehmen und Wasser verlieren. Den Kohl ca. 1 Std. ziehen lassen.

2. Ingwer und Knoblauch schälen, den Ingwer reiben und den Knoblauch fein hacken. Das Rapsöl in einer Pfanne erhitzen, den Ingwer hinzufügen und bei mittlerer Hitze ca. 1 Min. anbraten. Den Knoblauch dazugeben und beides 1 weitere Min. anbraten.

3. Kurkuma, 1 TL Salz, Chilipulver, Limettensaft und die Aprikosenkonfitüre in die Pfanne geben. Alles gut verrühren und ca. 3 Min. erwärmen. Die Mischung aus der Pfanne über den Rotkohl geben und beides gut vermengen.

4. Zuletzt den Joghurt unterheben und den Slaw vor dem Servieren 1 Std. ziehen lassen.

NAAN-BROT CHILI & CHEESE

Für 4 Personen
Zubereitung: 30 Min.
Gehen: 30 Min.
Pro Portion ca. 725 kcal

Für den Teig
150 ml Milch
120 g Joghurt (3,5 %)
Salz
2 EL Zucker
1 Würfel Hefe (42 g)
500 g Mehl
1 Ei

Für das Topping
2 mittelscharfe grüne Chilischoten
1 TL Rapsöl
250 g geriebener Gouda

Außerdem
Mehl zum Ausrollen

1. Für den Teig Milch, Joghurt, 1 Prise Salz und den Zucker in einen Topf geben und leicht erwärmen. Die Hefe in die Mischung bröckeln und darin auflösen. Das Mehl in eine Schüssel geben und die Milch-Hefe-Mischung dazugeben. Das Ei hinzufügen und alle Zutaten zu einem Teig verkneten.

2. Den fertigen Teig mit einem Tuch abdecken und ca. 30 Min. gehen lassen, bis sich das Volumen ungefähr verdoppelt hat.

3. Den Teig portionieren und auf einer bemehlten Arbeitsfläche ausrollen. Die Größe kann dabei selbst bestimmt werden. Als Richtlinie sollte die Teigkugel etwa tennisballgroß sein und auf die Größe der Pfanne ausgerollt werden.

4. Die Teigfladen nacheinander in einer beschichteten Pfanne bei mittlerer Hitze von jeder Seite ca. 2 Min. backen. Herausnehmen, auf einen Teller legen und mit einem Tuch abdecken.

5. Für das Topping die Chilischoten waschen, längs halbieren, entkernen und fein hacken.

6. Das Rapsöl in einer Pfanne auf mittlerer Stufe erhitzen und die Chilis darin 1–2 Min. andünsten. Den geriebenen Käse hinzufügen, den Deckel auflegen und die Pfanne vom Herd nehmen. 2–3 Min. warten, bis der Käse geschmolzen ist.

7. Die Chili-Cheese-Mischung auf den Naan-Broten verteilen und verstreichen.

tipp *Das Naan-Brot Chili & Cheese kann entweder als Snack gegessen werden; man bekommt es in Indien als Streetfood quasi an jeder Straßenecke. Als Beilage passt es zu Currys oder anderen Hauptspeisen und wird in Indien gerne anstelle von Reis serviert.*

NAAN-BROT ZIMT & ZUCKER

Für 4 Personen
Zubereitung: 30 Min.
Gehen: 30 Min.
Pro Portion ca. 515 kcal

Für den Teig
150 ml Milch
120 g Joghurt (3,5 %)
Salz
2 EL Zucker
1 Würfel Hefe (42 g)
500 g Mehl
1 Ei

Für das Topping
2 EL weiche Butter
4 EL Zucker
1 TL Zimtpulver

Außerdem
Mehl zum Ausrollen

1. Für den Teig Milch, Joghurt, 1 Prise Salz und den Zucker in einen Topf geben und leicht erwärmen. Die Hefe in die Mischung bröckeln und darin auflösen. Das Mehl in eine Schüssel geben und die Milch-Hefe-Mischung dazugeben. Das Ei hinzufügen und alle Zutaten zu einem Teig verkneten.

2. Den fertigen Teig mit einem Tuch abdecken und ca. 30 Min. gehen lassen, bis sich das Volumen ungefähr verdoppelt hat.

3. Den Teig portionieren und auf einer bemehlten Arbeitsfläche ausrollen. Die Größe kann dabei selbst bestimmt werden. Als Richtlinie sollte die Teigkugel etwa tennisballgroß sein und auf die Größe der Pfanne ausgerollt werden.

4. Die Teigfladen nacheinander in einer beschichteten Pfanne bei mittlerer Hitze von jeder Seite ca. 2 Min. backen. Herausnehmen, auf einen Teller legen und mit einem Tuch abdecken.

5. Für das Topping Butter, Zucker und Zimtpulver vermengen. Etwas Topping auf die lauwarmen Naan-Brote streichen.

NAAN-BROT KOKOS PESHWARI

Für 4 Personen (8 Stück)
Zubereitung: 40 Min.
Gehen: 30 Min.
Pro Stück ca. 410 kcal

Für den Teig
150 ml Milch
120 g Joghurt (3,5 %)
Salz
2 EL Zucker
1 Würfel Hefe (42 g)
500 g Mehl
1 Ei

Für die Füllung
100 g Kokosraspel
50 g Rosinen
2 EL Kokosöl
4 TL Honig

Außerdem
Mehl zum Ausrollen
Rapsöl zum Bestreichen

1. Für den Teig Milch, Joghurt, 1 Prise Salz und den Zucker in einen Topf geben und leicht erwärmen. Die Hefe in die Mischung bröckeln und darin auflösen. Das Mehl in eine Schüssel geben und die Milch-Hefe-Mischung dazugeben. Das Ei hinzufügen und alle Zutaten zu einem Teig verkneten.

2. Den fertigen Teig mit einem Tuch abdecken und ca. 30 Min. gehen lassen, bis sich das Volumen ungefähr verdoppelt hat.

3. Inzwischen für die Füllung Kokosraspel und Rosinen mit Kokosöl und Honig in einer kleinen Schüssel vermengen.

4. Den Teig in 8 Portionen teilen und jede Portion zu einem Rechteck ausrollen. Auf die untere Hälfte des ausgerollten Teiges 1 EL Füllung geben und den Teig über der Füllung zusammenklappen. Die gefüllten Teigrechtecke wieder vorsichtig ausrollen. Anschließend die Seiten etwas befeuchten oder mit Rapsöl bestreichen.

5. Die Teigfladen nacheinander in einer beschichteten Pfanne bei mittlerer Hitze von jeder Seite ca. 2 Min. backen. Zum Schluss mit etwas Rapsöl bestreichen.

NAAN-BROT SIMPLE

Für 4 Personen
Zubereitung: 40 Min.
Gehen: 30 Min.
Pro Portion ca. 505 kcal

Für den Teig
150 ml Milch
120 g Joghurt (3,5 %)
Salz
2 EL Zucker
1 Würfel Hefe (42 g)
500 g Mehl
1 Ei

Außerdem
Mehl zum Ausrollen
Rapsöl zum Bestreichen
Salz

1. Für den Teig Milch, Joghurt, 1 Prise Salz und den Zucker in einen Topf geben und leicht erwärmen. Die Hefe in die Mischung bröckeln und darin auflösen. Das Mehl in eine Schüssel geben und die Milch-Hefe-Mischung dazugeben. Das Ei hinzufügen und alle Zutaten zu einem Teig verkneten.

2. Den fertigen Teig mit einem Tuch abdecken und ca. 30 Min. gehen lassen, bis sich das Volumen ungefähr verdoppelt hat.

3. Den Teig portionieren und auf einer bemehlten Arbeitsfläche ausrollen. Die Größe kann dabei selbst bestimmt werden. Als Richtlinie sollte die Teigkugel etwa tennisballgroß sein und auf die Größe der Pfanne ausgerollt werden.

4. Die Teigfladen nacheinander in einer beschichteten Pfanne bei mittlerer Hitze von jeder Seite ca. 2 Min. backen. Zum Schluss mit etwas Rapsöl bestreichen und mit Salz bestreuen.

tipp *Das Naan-Brot lässt sich auch im Backofen zubereiten. Den Ofen auf 200° Ober-/Unterhitze vorheizen und die Fladen je nach Größe 10–12 Min. backen. Zwischendurch umdrehen und mit Öl oder Ghee einpinseln, damit sie nicht austrocknen.*

BLUMENKOHL-KOKOS-RISOTTO

Für 4 Personen
Zubereitung: 40 Min.
Pro Portion ca. 425 kcal

1 rote Zwiebel
1 Stück Ingwer (10 g)
100 g Blumenkohl
350 ml Gemüsebrühe
400 g Kokosmilch
1 TL gemahlene Kurkuma
½ TL gemahlener Kreuzkümmel
1 Msp. Chilipulver
2 EL Kokosöl
1 g Safran
300 g Risottoreis
200 ml Weißwein
10 g Koriandergrün
1 Spritzer Limettensaft

1. Die Zwiebel schälen und fein würfeln. Den Ingwer ebenfalls schälen und fein reiben. Den Blumenkohl grob reiben. Einen Topf mit der Gemüsebrühe und der Kokosmilch erhitzen und die Flüssigkeit mit Kurkuma, Kreuzkümmel und Chilipulver würzen.

2. Das Kokosöl in einem breiten Topf erhitzen. Zwiebel, Ingwer, Safran und Blumenkohl dazugeben und bei mittlerer Hitze 3–4 Min. andünsten. Die Hitze etwas erhöhen, den Reis hinzufügen und unter ständigem Rühren 1–2 Min. andünsten.

3. Den Reis mit 100 ml Weißwein ablöschen, verrühren und verkochen lassen. Sobald der Wein verkocht ist, den übrigen Wein (100 ml) dazugeben.

4. Sobald der Wein vollständig verkocht ist, mit einer Suppenkelle einen Teil der Kokosbrühe zum Reis geben und die Hitze etwas reduzieren, sodass der Risotto nur ganz leicht köchelt.

5. Der Reis saugt jetzt nach und nach die Flüssigkeit auf. Sobald keine Flüssigkeit mehr im Topf zu sehen ist, wieder etwas Kokosbrühe hinzugeben. Diesen Vorgang wiederholen, bis die Kokosbrühe verbraucht ist. Je nach Reissorte dauert das ca. 20 Min. Während dieser Zeit den Reis immer wieder umrühren, damit er nicht anbrennt. Sobald der Reis schön cremig und noch leicht bissfest ist, den Topf vom Herd nehmen.

6. Den Deckel auflegen und den Risotto ca. 3 Min. ruhen lassen. Koriander waschen, trocken schütteln und hacken. Den fertigen Risotto mit Limettensaft und Koriandergrün servieren.

tipp *Für den besonderen Kick zum Schluss noch ein kleines Stück Butter und geriebenen Parmesan unter den Reis rühren.*

REIS-PILAW

Für 4 Personen
Zubereitung: 40 Min.
Pro Portion ca. 465 kcal

4 EL Rapsöl
Salz
200 g Basmatireis
4 grüne Kardamomkapseln
1 rote Zwiebel
2 Knoblauchzehen
1 Stück Ingwer (10 g)
50 g Rosinen
50 g Pistazienkerne
200 g Kirschtomaten
1 EL Kokosöl
1 TL Honig
½ TL Garam Masala
½ TL gemahlener Kreuzkümmel
1 Msp. Chilipulver
1 TL gemahlene Kurkuma
10 g Minze
1 Limette
Pfeffer

1. Einen Topf mit dem Öl, 1 TL Salz und 400 ml Wasser zum Kochen bringen. Sobald das Wasser kocht, den Reis dazugeben und das Wasser noch mal kurz aufkochen lassen. Die Kardamomkapseln aufbrechen und zum Reis geben. Den Reis zugedeckt bei mittlerer Hitze ca. 20 Min. garen.

2. Inzwischen die Zwiebel schälen und fein würfeln. Knoblauch und Ingwer ebenfalls schälen und fein reiben. Rosinen und Pistazien fein hacken. Die Kirschtomaten waschen und vierteln.

3. Das Kokosöl in einer Pfanne erhitzen. Zwiebel, Knoblauch, Ingwer, Rosinen und Pistazien dazugeben und zugedeckt bei mittlerer Hitze 4–5 Min. dünsten. Die Kirschtomaten hinzufügen und mit dem Honig beträufeln.

4. Garam Masala, Kreuzkümmel, Chili und Kurkuma dazugeben und bei mittlerer Hitze ca. 1 Min. unterrühren Die Minze waschen, trocken schütteln und mit der Hand zupfen. Die Limette halbieren und auspressen. Minze und Limettensaft zum Pilaw geben und das Gericht mit Salz und Pfeffer abschmecken.

5. Den fertigen Reis im Topf mit einer Gabel vorsichtig auflockern und mit der Mischung aus der Pfanne vermengen.

tipp *Als Topping könnt ihr einen Klecks Joghurt auf das Pilaw geben.*

JEERA-REIS

Für 4 Personen
Zubereitung: 10 Min.
Garen: 25 Min.
Pro Portion ca. 160 kcal

1 EL Ghee
2 schwarze Kardamomkapseln
1 Zimtstange
2 Sternanis
1 TL Kreuzkümmelsamen
Salz
200 g Basmatireis

Außerdem
Koriandergrün zum Servieren

1. Eine tiefe Pfanne mit dem Ghee auf mittlerer Stufe erhitzen. Die Kardamomkapseln aufbrechen und mit der Zimtstange, dem Sternanis sowie den Kreuzkümmelsamen in die Pfanne geben. Ca. 1 Min. anrösten.

2. Nun 400 ml Wasser dazugeben, 1 TL Salz hinzufügen und das Wasser zum Kochen bringen. Sobald das Wasser kocht, den Reis dazugeben, unterrühren und bei kleiner bis mittlerer Hitze zugedeckt ca. 20 Min. garen. Den Herd ausstellen und den Reis ca. 5 Min. ziehen lassen.

3. Vor dem Servieren bei Bedarf Kardamomkapseln, Zimtstange und Sternanis aus dem Reis nehmen. Den Jeera-Reis mit frischem Koriander servieren.

info *Schwarzer Kardamom ist herber als grüner und wird für herzhafte Speisen verwendet, wohingegen der grüne Kardamom einen leicht scharf-würzigen Geschmack hat. Das herbe Aroma und den rauchigen Geschmack verdankt der schwarze Kardamom seiner traditionellen Trocknung über offenem Feuer.*

GURKEN-FENCHEL-RAITA

Für 4 Personen
Zubereitung: 20 Min.
Pro Portion ca. 235 kcal

1 Salatgurke (ca. 350 g)
1 rote Zwiebel
½ Fenchel
1 Stück Ingwer (10 g)
2 Knoblauchzehen
10 g Koriandergrün
½ Limette
1 ½ TL Zucker
Salz
2 EL Rapsöl
1 TL schwarze Senfsamen
½ TL gemahlener Koriander
½ TL gemahlener Kreuzkümmel
500 g Joghurt (3,5 %)

1. Die Gurke putzen, waschen, längs vierteln und die Kerne herauslösen. Die Gurkenviertel in eine Schüssel reiben.

2. Die Zwiebel schälen, in feine Würfel schneiden und dazugeben. Den Fenchel putzen, waschen, reiben und ebenfalls dazugeben. Den Ingwer schälen, fein reiben und hinzufügen. Den Knoblauch schälen, fein hacken und dazugeben.

3. Koriandergrün waschen, trocken schütteln, fein hacken und zu den anderen Zutaten geben. Die Limettenhälfte auspressen. Das Gemüse mit Zucker und 1 ½ TL Salz würzen und mit dem Limettensaft beträufeln.

4. Eine flache Pfanne mit dem Rapsöl auf mittlerer Stufe erhitzen. Die Senfsamen hineingeben und ca. 1 Min. anrösten, bis sie anfangen zu hüpfen. Die Hitze reduzieren, Koriander und Kreuzkümmel hinzufügen, alles zügig vermengen und zu den Zutaten in die Schüssel geben. Den Joghurt hinzufügen und alles vermengen.

tipp *Die Gurke kann auch im Ganzen gerieben werden. Dann muss allerdings das Wasser mithilfe eines Küchentuches kräftig herausgedrückt werden, damit das Raita nicht zu flüssig wird.*

JOGHURT-MINZ-RAITA

Für 4 Personen
Zubereitung: 15 Min.
Pro Portion ca. 110 kcal

◇◇◇◇◇◇◇◇◇◇◇

4 Schalotten
1 Knoblauchzehe
1 Schuss Olivenöl
1 Bund Minze
1 TL Rohrzucker
Saft von ½ Limette
Salz, Pfeffer
500 g Joghurt (3,5 %)

1. Schalotten und Knoblauch schälen und grob hacken. Eine Pfanne mit etwas Olivenöl leicht erhitzen. Schalotten und Knoblauch dazugeben und ca. 2 Min. anbraten.

2. Die Minze waschen, trocken schütteln und die Blätter abzupfen. Minze, Zucker, Limettensaft, Salz und Pfeffer in die Pfanne geben und alles vermengen. Den Inhalt der Pfanne und 250 g Joghurt in einen hohen Rührbecher geben und mit dem Pürierstab durchmixen. Den übrigen Joghurt (250 g) in eine Schüssel geben.

3. Die Mischung aus dem Rührbecher zum Joghurt in die Schüssel geben und vorsichtig unterrühren.

info *Die feine Joghurt-Minz-Raita passt als Dip zu Broten, als kleine Ergänzung zum Grillabend, aber natürlich auch zu indischen Gerichten. Sie ist schnell und leicht zuzubereiten und hält im Kühlschrank ca. 1 Woche. Ein Löffel davon eignet sich auch als Marinade für Fleisch- und Fischgerichte.*

PFLAUMENCHUTNEY

Für 4 Personen
Zubereitung: 25 Min.
Pro Portion ca. 210 kcal

2 Knoblauchzehen
1 mittelscharfe Chilischote
1 Stück Ingwer (10 g)
½ Zitrone
6 Pflaumen
2 grüne Kardamomkapseln
2 EL Rapsöl
Salz
50 g Zucker
½ TL Garam Masala
½ TL gemahlener Kreuzkümmel
1 Msp. Zimtpulver

1. Den Knoblauch schälen und fein hacken. Die Chilischote waschen, längs halbieren und fein hacken. Den Ingwer schälen und reiben. Die Zitronenhälfte auspressen. Die Pflaumen waschen, halbieren und entsteinen. Die Hälften nochmals durchschneiden und die Viertel in grobe Stücke schneiden. Die Kardamomkapseln aufbrechen und die Samen herauslösen. In einem Mörser zerdrücken.

2. Öl in einer Pfanne erhitzen. Knoblauch und Pflaumen dazugeben. Mit 1 TL Salz, Kardamom, Zitronensaft, Ingwer, Zucker und Chili würzen. Zugedeckt bei kleiner Hitze ca. 10 Min. einköcheln lassen.

3. Die Hitze erhöhen. Garam Masala, Kreuzkümmel und Zimt hinzugeben und das Chutney unter ständigem Rühren ca. 1 Min. einkochen lassen, bis es etwas dickflüssiger ist.

info *Das fruchtige Pflaumenchutney passt zu gebratenem Fleisch und zu Grillgerichten, auf ein gutes Stück Brot und sogar zu verschiedenen Käsesorten.*

ROTE-BETE-RAITA

Für 4 Personen
Zubereitung: 20 Min.
Pro Portion ca. 210 kcal

1 kleines Glas Rote-Bete-Streifen (Abtropfgewicht 220 g)
1 Knoblauchzehe
1 Stück Ingwer (10 g)
2 EL Rapsöl
1 TL schwarze Senfsamen
Salz
½ TL Zucker
1 Prise Chilipulver
1 Prise Pfeffer
½ Zitrone
250 g Joghurt (3,5 %)

1. Die Rote Bete in ein Sieb abgießen und abtropfen lassen. Den restlichen Saft aus den Streifen drücken.

2. Den Knoblauch schälen und fein hacken. Den Ingwer schälen und fein reiben.

3. Eine Pfanne mit dem Rapsöl auf mittlerer Stufe erhitzen. Ingwer, Knoblauch sowie Senfsamen hinzugeben und 1–2 Min. andünsten.

4. Die Hitze erhöhen, die Rote Bete hinzufügen und bei großer Hitze ca. 1 Min. anbraten. Die Pfanne vom Herd nehmen und die Rote Bete mit ½ TL Salz, Zucker, Chilipulver und Pfeffer würzen. Die Zitronenhälfte auspressen und das Gemüse mit dem Saft beträufeln. Alle Zutaten vermengen und kurz abkühlen lassen.

5. Den Joghurt in eine Schüssel geben, die Rote-Bete-Mischung hinzufügen und alles gut vermengen.

info *In Indien wird fast zu jedem Gericht eine Raita gereicht. Rote Bete hat im Ayurveda einen süßen Geschmack und eine ausgleichende Wirkung auf Körper, Geist und Seele.*

SPARGEL-KORIANDER-CHUTNEY

Für 4 Personen
Zubereitung: 15 Min.
Pro Portion ca. 830 kcal

◇◇◇◇◇◇◇◇◇◇◇

400 g grüner Spargel
½ Bund Koriandergrün
100 g Pinienkerne
100 g Parmesan
100 g Pecorino
200 ml Olivenöl
Salz, Pfeffer

1. Den Spargel waschen und die holzigen Enden abschneiden. Die Stangen im unteren Drittel schälen und in grobe Stücke schneiden. Einen Topf mit Wasser zum Kochen bringen, den Spargel dazugeben und in 4–5 Min. weich kochen.

2. Den Spargel abgießen und in eine Küchenmaschine geben. Koriander waschen, trocken schütteln und dazugeben. Pinienkerne, Parmesan, Pecorino und Olivenöl ebenfalls hinzufügen und mit dem Spargel zu einem Pesto mixen. Zum Schluss mit Salz und Pfeffer abschmecken. Übriges Chutney in ein Glas füllen. Es hält im Kühlschrank 7–10 Tage.

info *Der Mix aus grünem Spargel, Koriander und Pinienkernen ist leicht und lecker, gerade auch für diejenigen, die Vorbehalte gegenüber Koriander haben. Der Koriander hält sich in dieser Kombi dezent zurück. Die cremige Konsistenz ähnelt einer Guacamole und das Chutney eignet sich deshalb sehr gut als Dip.*

WÜRZIGE EXTRAS

In diesem Kapitel stelle ich euch Beilagen vor. In Indien wird gerne Brot gegessen und die Vielfalt an Sorten ist enorm. Naan-Brot ist eines der beliebtesten und sehr weit verbreitet. Der Joghurt verleiht dem Teig einen besonderen Geschmack.

Man kann Naan-Brot nicht nur herzhaft genießen, sondern auch süß, zum Beispiel mit Zimt und Zucker oder auch mit Mascarpone, Beeren und Honig. Brät man das Brot in der Pfanne, kann man es zum Schluss herzhaft belegen und zum Beispiel mit Käse überbacken. Ohne Belag ist Naan-Brot auch eine wunderbare Beilage zu Curry-Gerichten, es wird in Indien gerne anstelle von Reis dazu gereicht. Übrigens essen wir in Indien oft ohne Besteck. Bei cremigen Currys stellt man sich das natürlich etwas kompliziert vor. Da ist so ein feines Brot die perfekte Lösung. Man zupft sich ein Stück ab und legt es sich so zwischen Daumen, Zeige- und Mittelfinger, dass man damit wie mit einem Löffel das Curry aufnehmen und zusammen mit dem Brot in den Mund stecken kann. Probiert es mal aus!

Saucen sind ein weiteres wichtiges Thema in der indischen Küche. Es gibt in Indien einen Comic, der auch oft in der Werbung eingesetzt wird: Da haben die gefüllten Teigtaschen, die Samosas, quasi eine Liebesbeziehung mit dem Mangochutney. Samosas und Chutneys gehören einfach zusammen! Chutneys sind meistens ziemlich würzig und etwas schärfer. Eine Raita ist mit ihrer Joghurtbasis die perfekte Gegenspielerin, denn sie mildert die Schärfe etwas ab.

Reis kann auch spannend sein

In diesem Kapitel findet ihr außerdem ein paar Möglichkeiten, den manchmal so schnöden Reis pfiffig zu variieren. Mit Gewürzen oder ein bisschen Gemüse erscheint diese Beilage in einem ganz neuen Licht. Auch hier sind eurer Fantasie keine Grenzen gesetzt. Vielleicht probiert ihr auch einfach mal, den Reis wie üblich zu kochen, nur dass ihr dem Wasser ein paar indische Gewürze und ein bisschen Rapsöl hinzufügt. Das Prinzip gleicht dem, den Reis mit Brühe zu kochen, nur dass es eben keine salzige, immer gleich schmeckende Gemüsebrühe ist, sondern eine selbst gemachte indisch gewürzte Brühe, die ihr immer wieder variieren könnt. Nelken, Zimtstangen, Kümmel und Lorbeerblätter eignen sich hervorragend für die Brühe, wobei ihr die ganzen Gewürze dann vor dem Servieren ganz einfach aus dem Reis herausfischen könnt.

FLEISCH & FISCH

KAPITEL 4

HIer gibt es Soulfood für alle Fleisch- und Fischliebhaber. Indische Gerichte zum Sattessen, die der Seele guttun und wahre Glücksmomente bescheren.

CHICKEN-KOKOS-CURRY

Für 4 Personen
Zubereitung: 35 Min.
Pro Portion ca. 465 kcal

◇◇◇◇◇◇◇◇◇◇

Für die Gewürzmischung
Salz
2 TL edelsüßes Paprikapulver
1 Msp. Chilipulver
½ TL gemahlener Kreuzkümmel
½ TL brauner Zucker
½ TL gemahlene Kurkuma
1 Msp. Zimtpulver
½ TL gemahlener Koriander

Für das Curry
800 g Hähnchenbrustfilet
2 rote Zwiebeln
2 Knoblauchzehen
2 TL Cashewkerne
2 TL Mandelkerne
4 grüne Kardamomkapseln
1 Limette
3 TL Ghee
10 getrocknete Curryblätter
4 EL Joghurt (10 %)
250 g Kokosmilch
4 EL Maracujasaft
2 TL Honig
Salz, Pfeffer

1. Für die Gewürzmischung 1 TL Salz, Paprikapulver, Chilipulver, Kreuzkümmel, Zucker, Kurkuma, Zimt und Koriander in eine Schüssel geben und vermengen.

2. Für das Curry das Hähnchenbrustfilet in ca. 2 cm dicke Streifen schneiden. Zwiebeln sowie Knoblauch schälen und fein würfeln. Cashewkerne und Mandeln grob hacken. Die Kardamomkapseln aufbrechen, die Samen herauslösen und im Mörser zerstoßen. Die Limette halbieren und auspressen.

3. Eine Pfanne mit 2 TL Ghee auf mittlerer Stufe erhitzen. Zwiebeln, Knoblauch und Curryblätter dazugeben und 3–4 Min. dünsten. Cashewkerne, Mandeln und Kardamomsamen hinzufügen und ca. 2 Min. anbraten.

4. Die Gewürzmischung dazugeben und 10–15 Sek. anrösten. Mit Joghurt, Kokosmilch, Maracujasaft und Honig ablöschen und alle Zutaten vermengen. Die Hitze etwas erhöhen und die Flüssigkeit ggf. 1–2 Min. einköcheln, damit die Sauce mehr Bindung bekommt. Mit Salz und Pfeffer abschmecken. Die Sauce bis auf eine kleine Menge am Pfannenboden in eine Schüssel gießen.

5. Das übrige Ghee (1 TL) in dieselbe Pfanne geben und erhitzen. Die Hähnchenstreifen hinzufügen und bei mittlerer Hitze 3–4 Min. anbraten, bis das Fleisch sich bis zum Kern weiß färbt. Die Hitze erhöhen und das Fleisch weiterbraten, bis es zischt und knistert. Die Sauce hinzugeben und mit den Hähnchenstreifen vermengen.

LAMB CHOPS MIT ERBSENPÜREE

Für 4 Personen
Zubereitung: 40 Min.
Marinieren: 2 Std.
Pro Portion ca. 1510 kcal

Für das Lamm
1 Stück Ingwer (10 g)
2 Knoblauchzehen
2 EL Rapsöl
200 g griechischer Joghurt
1 TL Garam Masla
½ TL gemahlene Kurkuma
½ TL gemahlener Kreuzkümmel
Salz
2 Msp. Chilipulver
Saft von ½ Zitrone
16 Lammkoteletts
1 TL Butter

Für das Minzpesto
½ Bund Minze
2 Knoblauchzehen
80 g Pistazienkerne
50 ml Rapsöl
50 g Buttermilch
Saft von ½ Zitrone

Für das Erbsenpüree
2 EL Rapsöl
500 g TK-Erbsen
200 g Kokosmilch
20 g Koriandergrün
1 EL Tahin (Sesampaste)
1 Msp. Chilipulver
Salz, Pfeffer

1. Für das Lamm den Ingwer schälen und reiben. Den Knoblauch schälen und fein würfeln. Ingwer, Knoblauch, Rapsöl, Joghurt, Garam Masala, Kurkuma, Kreuzkümmel, ½ TL Salz, Chilipulver und den Zitronensaft zu einer Marinade verrühren. Die Lammkoteletts in einen großen Gefrierbeutel geben und die Marinade dazugeben. Die Lammkoteletts im Kühlschrank ca. 2 Std. ziehen lassen.

2. Inzwischen für das Minzpesto die Minze waschen und trocken schütteln. Den Knoblauch schälen und fein hacken. Die Pistazien ebenfalls fein hacken. Die Zutaten mit Rapsöl, Buttermilch und Zitronensaft in einem Mörser zu einem Pesto vermengen. Oder alle Zutaten in einem Mixer zu einem Pesto mixen.

3. Für das Erbsenpüree das Rapsöl in einem Topf stark erhitzen. Die Erbsen und die Kokosmilch dazugeben und die Erbsen ca. 12 Min. köcheln, bis sie aufgetaut sind. Koriander waschen, trocken schütteln und hacken. Koriander, Tahin, Chilipulver, Salz und Pfeffer hinzugeben. Alle Zutaten im Topf mit einem Pürierstab mixen. Oder in einen Mixer geben und zu einem Püree vermengen.

4. Die Lammkoteletts aus der Marinade nehmen und die Marinade etwas abstreifen. Die Butter in einer großen Pfanne auf mittlere bis hohe Stufe erhitzen. Die Lammkoteletts darin je nach Dicke von jeder Seite 2–3 Min. braten, sodass sie innen noch etwas rosa sind.

5. Das Erbsenpüree auf Tellern verstreichen und die Koteletts darauf anrichten. Das Minzpesto auf das Fleisch klecksen.

tipp *Die übrig gebliebene Marinade kann zum Erbsenpüree gegeben werden.*

DAAL-QUICHE

Für 4 Personen
Zubereitung: 45 Min.
Einweichen: 2 Std.
Backen: 40 Min.
Pro Portion ca. 930 kcal

◇◇◇◇◇◇◇◇◇◇◇

2 EL Rapsöl
300 ml Apfelsaft (naturtrüb)
200 g rote Linsen
1 Zwiebel
1 TL Butter
100 g magere Speckwürfel
1 Lage Blätterteig (aus dem Kühlregal)
1 TL schwarze Senfsamen
1 TL Fenchelsamen
1 TL gemahlener Kreuzkümmel
1 Handvoll getrocknete Curryblätter
2 Knoblauchzehen
10 g Petersilie
4 Eier
150 g saure Sahne
1 Spritzer Zitronensaft
100 ml Kondensmilch
Salz, Pfeffer
100 g geriebener Gouda

Außerdem
Springform (26 cm)
Fett für die Form

1. Rapsöl und Apfelsaft sowie 300 ml Wasser in einen Topf geben und vermischen. Die Linsen hinzufügen und ca. 2 Std. in der Flüssigkeit einweichen.

2. Die Flüssigkeit mit den Linsen im Topf auf mittlerer Stufe erhitzen und anschließend 10–12 Min. kochen, bis die Linsen sich gelb gefärbt haben und weich geworden sind.

3. Die Zwiebel schälen und würfeln. Die Butter in einer Pfanne erhitzen. Zwiebel und Speck dazugeben und bei mittlerer Hitze ca. 5 Min. andünsten.

4. Den Backofen auf 160° Umluft vorheizen. Eine Springform einfetten und mit einer Lage Blätterteig auskleiden. Den Blätterteig im Ofen (Mitte) 10 Min. vorbacken.

5. Senfsamen, Fenchelsamen, Kreuzkümmel und Curryblätter zur Zwiebel-Speck-Mischung geben und 1 Min. mit anbraten.

6. Den Knoblauch schälen und fein hacken. Die Petersilie waschen, trocken schütteln und ebenfalls fein hacken. Die Eier in eine Schüssel aufschlagen. Saure Sahne, Knoblauch, Petersilie, Zitronensaft und Kondensmilch mit den Eiern vermischen, mit Salz und Pfeffer abschmecken.

7. Linsen, Zwiebel-Speck-Mischung und 75 g Gouda dazugeben und alles gut vermischen. Auf den vorgebackenen Blätterteig geben und mit dem restlichen Käse (25 g) bestreuen. Die Quiche im Ofen (Mitte) ca. 40 Min. backen. Herausnehmen und abkühlen lassen.

MEATBALL CURRY

Für 4 Personen (16 Stück)
Zubereitung: 30 Min.
Garen: 20 Min.
Pro Portion ca. 550 kcal

Für die Fleischbällchen
1 Stück Ingwer (10 g)
700 g Rinderhack (ersatzweise gemischtes Hackfleisch)
1 TL gemahlener Koriander
1 EL Rapsöl
1 TL gemahlener Kreuzkümmel
1 TL Salz
1 Msp. Zimtpulver
1 Msp. gemahlene Nelken
1 Msp. Chilipulver
2 EL Joghurt
2 EL Paniermehl

Für die Sauce
1 Zwiebel
2 Knoblauchzehen
1 EL Butter
200 g Kirschtomaten
½ Bund Petersilie
½ Limette
1 TL Honig
1 TL Garam Masala
½ TL gemahlene Kurkuma
1 TL Salz
2 TL edelsüßes Paprikapulver
1 Dose stückige Tomaten (400 g)

1. Für die Fleischbällchen den Ingwer schälen und in eine Schüssel reiben. Das Hackfleisch und alle anderen Zutaten hinzufügen und vermischen. Aus dem Fleischteig ca. 16 golfballgroße Bällchen rollen (ca. 50 g Fleischteig pro Bällchen).

2. Für die Sauce die Zwiebel und den Knoblauch schälen und fein würfeln. Die Butter in einer Pfanne erhitzen. Zwiebel und Knoblauch darin bei mittlerer Hitze in 4–5 Min. glasig dünsten. Die Kirschtomaten waschen und vierteln, die Petersilie waschen, trocken schütteln und hacken.

3. Kirschtomaten und Petersilie zu der Zwiebel-Knoblauch-Mischung in die Pfanne geben und ca. 2 Min. anschwitzen. Die Limettenhälfte auspressen und den Saft dazugeben. Honig und Gewürze ebenfalls hinzufügen und alles gut vermengen.

4. Die stückigen Tomaten zur Gewürzpaste in die Pfanne geben und unterrühren. Die Fleischbällchen in die Sauce legen, die Hitze erhöhen und die Bällchen ca. 4 Min. schmoren. Sobald die Sauce köchelt, die Hitze reduzieren, den Deckel auflegen und die Fleischbällchen in der Sauce bei kleiner Hitze ca. 10 Min. köcheln. Den Deckel abnehmen und das Curry offen weitere 10 Min. köcheln.

WIRSINGBLÄTTER MIT ZIMT-KARTOFFEL-HACK

Für 4 Personen
Zubereitung: 35 Min.
Garen: 20 Min.
Pro Portion ca. 350 kcal

◇◇◇◇◇◇◇◇◇◇

1 Wirsing
400 g festkochende Kartoffeln
4 rote Zwiebeln
1 Scheibe Ingwer
2 Knoblauchzehen
4 EL Rapsöl
½ Tube Tomatenmark
1 TL Garam Masala
1 TL gemahlener Kreuzkümmel
1 EL edelsüßes Paprikapulver
2 Prisen Chilipulver
Salz
2 Msp. Zimtpulver
1 Schuss Apfelsaft (naturtrüb)
1 Spritzer Zitronensaft
500 g Hackfleisch (halb und halb)
Pfeffer
150 ml Tomatensaft
evtl. Küchengarn

1. Wasser in einem Topf zum Kochen bringen. 4 große oder 8 mittelgroße Wirsingblätter ablösen und im sprudelnd kochenden Wasser ca. 2 Min. blanchieren. Herausnehmen und mit Küchenpapier trocken tupfen. Die Kartoffeln in das Wirsingwasser geben und in ca. 20 Min. garen. Abgießen und abkühlen lassen. Während die Kartoffeln kochen, die restlichen Wirsingblätter ablösen, waschen und fein schneiden.

2. Zwiebeln, Ingwer und Knoblauch schälen und in feine Würfel schneiden. 2 EL Rapsöl in einer Pfanne erhitzen, Zwiebel, Ingwer und Knoblauch sowie die Wirsingstreifen hineingeben und bei mittlerer Hitze ca. 5 Min. dünsten. Tomatenmark hinzufügen und ca. 2 Min. anbraten. Garam Masala, Kreuzkümmel, Paprika, Chilipulver, 1 TL Salz und Zimt hinzufügen und andünsten. Das Ganze zügig mit Apfelsaft und Zitronensaft ablöschen.

3. Das Hackfleisch dazugeben und 3–4 Min. anbraten, sodass es nur halb gegart wird. Die Kartoffeln in einer großen Schüssel zerdrücken, die Hackfleischmischung hinzugeben und alles zu einer schönen Masse vermengen. Mit Salz und Pfeffer abschmecken.

4. Die blanchierten Wirsingblätter je nach Größe mit ca. 2 EL Kartoffel-Hackfleisch-Mischung füllen. Jedes Blatt wie einen Burrito einrollen und ggf. mit Küchengarn zusammenbinden.

5. Das übrige Rapsöl (2 EL) in einer großen Pfanne oder einem Bräter erhitzen. Die Wirsingrouladen eng nebeneinander hineinlegen und von allen Seiten 1–2 Min. anbraten. Den Tomatensaft dazugeben und die Rouladen zugedeckt bei mittlerer Hitze ca. 15 Min. dünsten.

6. Die übrige Hackfleisch-Kartoffel-Mischung zu den Rouladen geben und 4–5 Min. mitdünsten.

info *Je nach Konsistenz kann das Hackfleisch schnell trocken werden und auseinanderfallen, wenn es schon in der Pfanne komplett gegart wird. Daher wende ich einen Trick an und gare das Hackfleisch nur halb.*

DELHI PULLED PORK

Für 4 Personen
Zubereitung: 30 Min.
Garen: 4 Std.
Pro Portion ca. 700 kcal

◇◇◇◇◇◇◇◇◇◇◇◇

1 kg Schweineschulter (ohne Knochen)
Salz
2 EL Rapsöl
6 Schalotten
2 Knoblauchzehen
1 Stück Ingwer (10 g)
2 TL Tomatenmark
2 Msp. Zimtpulver
1 Msp. Anispulver
½ TL Chilipulver
1 TL gemahlener Kreuzkümmel
50 ml Weißweinessig
100 g Kokosmilch
200 ml Apfelsaft (naturtrüb)
Pfeffer

1. Den Backofen auf 145° Umluft vorheizen. Das Fleisch mit etwas Salz bestreuen. Das Rapsöl in einem ofenfesten Schmortopf mit Deckel erhitzen und das Fleisch darin bei mittlerer Hitze von allen Seiten in ca. 10 Min. braun braten. Das Fleisch wieder herausnehmen und beiseitelegen.

2. Die Schalotten schälen und in grobe Stücke schneiden. Knoblauch und Ingwer schälen und fein hacken. Schalotten, Knoblauch und Ingwer im Schmortopf bei mittlerer Hitze ca. 3 Min. anrösten.

3. Das Tomatenmark dazugeben und bei mittlerer Hitze ca. 1 Min. anrösten, bis es sich dunkelrot färbt. Zimtpulver, Anispulver, Chilipulver und Kreuzkümmel dazugeben, vermengen und die Mischung mit Essig, Kokosmilch und Apfelsaft aufgießen.

4. Das Fleisch wieder in den Topf geben. Den Deckel auflegen und das Fleisch im Ofen (Mitte) ca. 3 Std. garen. Den Deckel entfernen und mit einem Löffel etwas Sud über das Fleisch gießen. Den Topf ohne Deckel wieder in den Ofen stellen und das Fleisch in ca. 1 Std. fertig garen.

5. Den Topf aus dem Ofen nehmen, das Fleisch mit zwei Gabeln auseinanderzupfen und mit der Sauce vermengen. Mit Salz und Pfeffer abschmecken.

BUTTER CHICKEN

Für 4 Personen
Zubereitung: 40 Min.
Pro Portion ca. 415 kcal

◇◇◇◇◇◇◇◇◇◇◇

2 Gemüsezwiebeln
2 Knoblauchzehen
1 Stück Ingwer (10 g)
1 TL gemahlener Kreuzkümmel
2 TL edelsüßes Paprikapulver
1 TL gemahlener Koriander
1 TL Garam Masala
Salz
1 TL Rohrzucker
2 Msp. Chilipulver
4 EL Rapsöl
2 EL Tomatenmark
Saft von ½ Zitrone
50 ml Apfelsaft (naturtrüb)
300 ml Tomatensaft
300 g Kokosmilch
200 g Sahne
Pfeffer
1 EL Butter
800 g Hähnchenbrustfiletstreifen

1. Zwiebeln und Knoblauch schälen und in feine Würfel schneiden. Den Ingwer schälen und fein reiben. Kreuzkümmel, Paprikapulver, Koriander, Garam Masala, 1 TL Salz, Zucker und Chilipulver in einer Schüssel vermischen.

2. Das Rapsöl in einer großen Pfanne oder einem Topf erhitzen. Zwiebeln, Knoblauch und Ingwer darin bei mittlerer Hitze zugedeckt ca. 10 Min. andünsten. Den Deckel abnehmen und die Mischung offen ca. 5 Min. weiterdünsten.

3. Das Tomatenmark hinzufügen und bei mittlerer Hitze 2–3 Min. anrösten, bis es sich dunkelrot färbt. Die Gewürzmischung dazugeben und unter ständigem Rühren ca. 1 Min. anrösten.

4. Mit dem Zitronensaft ablöschen. Apfelsaft, Tomatensaft, Kokosmilch und Sahne hinzugeben und unterrühren. Das Curry bei mittlerer Hitze ca. 5 Min. köcheln lassen. Mit Salz und Pfeffer abschmecken.

5. Die Butter in einer großen Pfanne erhitzen und die Hähnchenbrustfiletstreifen darin ca. 5 Min. braten, bis sie durchgegart sind. Die Hähnchenstreifen unter die Currypaste heben.

tipp *Das Hähnchen kann nach dem Braten auch gezupft und auf dem Curry angerichtet werden.*

MANGO MALAI CHICKEN

Für 4 Personen
Zubereitung: 40 Min.
Pro Portion ca. 560 kcal

2 Gemüsezwiebeln
2 Knoblauchzehen
1 Stück Ingwer (10 g)
1 TL gemahlener Kreuzkümmel
2 TL edelsüßes Paprikapulver
1 TL gemahlener Koriander
1 TL Garam Masala
Salz
1 TL Rohrzucker
2 Msp. Chilipulver
4 EL Rapsöl
2 EL Tomatenmark
Saft von ½ Zitrone
50 ml Apfelsaft (naturtrüb)
300 ml Tomatensaft
300 g Kokosmilch
200 g Sahne
Pfeffer
1 EL Butter
800 g Hähnchenbrustfiletstreifen
2 reife Mangos

1. Zwiebeln und Knoblauch schälen und in feine Würfel schneiden. Den Ingwer schälen und fein reiben. Kreuzkümmel, Paprika, Koriander, Garam Masala, 1 TL Salz, Zucker und Chilipulver in einer Schüssel vermischen.

2. Das Rapsöl in einer großen Pfanne oder einem Topf erhitzen. Zwiebeln, Knoblauch und Ingwer darin bei mittlerer Hitze zugedeckt ca. 10 Min. andünsten. Den Deckel abnehmen und alles offen ca. 5 Min. weiterdünsten.

3. Das Tomatenmark hinzufügen und bei mittlerer Hitze 2–3 Min. anrösten, es sich dunkelrot färbt. Die Gewürzmischung dazugeben und unter ständigem Rühren ca. 1 Min. anrösten.

4. Mit dem Zitronensaft ablöschen. Apfelsaft, Tomatensaft, Kokosmilch und Sahne unterrühren. Das Curry bei mittlerer Hitze ca. 5 Min. köcheln lassen. Mit Salz und Pfeffer abschmecken.

5. Die Butter in einer großen Pfanne erhitzen und die Hähnchenbrustfiletstreifen darin ca. 5 Min. braten, bis sie durchgegart sind. Die Pfanne vom Herd nehmen.

6. Die Mangos schälen und das Fruchtfleisch vom Stein schneiden. Mit der Currypaste in einen Mixer geben und mixen. Zum Schluss die Hähnchenstreifen unter die Currypaste heben und das Gericht servieren.

tipp *Am besten eignen sich »Ready-to-eat«-Mangos, die schön reif sind. Falls die Mangos faserig sind, vorab in einem Mixer zerkleinern und das Fruchtfleisch durch ein Sieb drücken, so trennen sich die Fasern vom Fruchtfleisch.*

LEMON-GARNELEN-CURRY AUS KERALA

Für 4 Personen
Zubereitung: 30 Min.
Pro Portion ca. 375 kcal

◇◇◇◇◇◇◇◇◇◇

800 g rohe Garnelen (geschält)
2 rote Zwiebeln
2 mittelscharfe Chilischoten
4 Knoblauchzehen
1 Stück Ingwer (10 g)
1 Bio-Limette
2 EL Rapsöl
2 EL Tomatenmark
1 TL gemahlener Kreuzkümmel
2 TL Garam Masala
1 TL gemahlene Kurkuma
100 ml Weißwein
300 g Kokosmilch
Salz, Pfeffer
1 TL Butter
10 g Koriandergrün

1. Die Garnelen ggf. auftauen und trocken tupfen. Die Zwiebeln schälen und fein würfeln. Die Chilis waschen, längs halbieren, entkernen und fein würfeln. Knoblauch und Ingwer schälen und reiben. Die Limette heiß waschen und abtrocknen. Etwas Schale abreiben und bereitstellen. Die Limette halbieren und auspressen.

2. Das Rapsöl in einer Pfanne erhitzen. Zwiebeln, Chili, Knoblauch und Ingwer hinzufügen und bei mittlerer Hitze ca. 4 Min. dünsten. Das Tomatenmark hinzugeben und ca. 2 Min. anrösten. Kreuzkümmel, Garam Masala und Kurkuma dazugeben und ca. 1 Min. anrösten. Die Hitze erhöhen und alles zügig mit Weißwein, Kokosmilch und dem Limettensaft ablöschen.

3. Die Currypaste mit Salz und Pfeffer abschmecken und in eine Schüssel umfüllen. Dabei darf etwas Currypaste am Pfannenboden haften bleiben. Die Butter in der Pfanne erhitzen und die Garnelen dazugeben. Von beiden Seiten ca. 3 Min. anbraten. Koriander waschen, trocken tupfen und hacken.

4. Die Currypaste zu den Garnelen geben, beides vermengen und mit dem Koriander toppen.

tipp *Das Curry passt auch zu anderen Fleisch- oder Fischsorten. Die Garnelen können am Rücken mit einem sogenannten Butterfly-Schnitt leicht eingeschnitten werden. Dadurch verkürzt sich die Garzeit um die Hälfte. Es gibt viele verschiedene Sorten von Garnelen, allen gemeinsam ist, dass sie in rohem Zustand grau sind und in gegartem rosa. Rohe Garnelen bekommt man tiefgekühlt in den meisten Supermärkten, sie bleiben in der Zubereitung saftiger.*

LACHS AUS GOA

Für 4 Personen
Zubereitung: 15 Min.
Garen: 20 Min.
Pro Portion ca. 265 kcal

4 Stücke Lachsfilet (à ca. 200 g)
2 rote Zwiebeln
4 Knoblauchzehen
1 Stück Ingwer (10 g)
1 süßer Apfel
2 EL Kokosöl (ersatzweise anderes Öl)
½ TL gemahlene Kurkuma
½ TL Garam Masala
2 Msp. Chilipulver
1 TL edelsüßes Paprikapulver
1 TL Kokosblütenzucker (ersatzweise Honig)
Saft von ½ Zitrone
1 EL Schmand
Salz, Pfeffer

1. Die Lachsfilets mit Küchenpapier etwas trocken tupfen und den Backofen auf 180° Ober-/Unterhitze vorheizen.

2. Zwiebeln und Knoblauch schälen und fein würfeln. Den Ingwer schälen und reiben, den Apfel waschen, entkernen und ebenfalls reiben. Eine Pfanne mit dem Kokosöl erhitzen. Zwiebeln, Knoblauch, Ingwer und geriebenen Apfel dazugeben und bei mittlerer Hitze 3–4 Min. andünsten.

3. Kurkuma, Garam Masala, Chilipulver, Paprika und Kokosblütenzucker hinzugeben und alle Zutaten bei mittlerer Hitze ca. 30 Sek. vermengen. Mit dem Zitronensaft ablöschen. Die Hitze reduzieren und den Schmand unterrühren. Mit Salz und Pfeffer abschmecken.

4. Eine ofenfeste Form bereitstellen und die Marinade aus der Pfanne hineingeben. Den Lachs mehrmals durch die Marinade ziehen, die Form in den Ofen (Mitte) stellen und den Lachs in der Marinade ca. 20 Min. garen.

tipp *Der Lachs verliert, kurz bevor er gar ist, kleine Eiweißflocken: Das ist ein Zeichen dafür, dass er kurz davor ist, den perfekten, schön zarten Garpunkt zu erreichen.*

PEPPER BEEF

Für 4 Personen
Zubereitung: 30 Min.
Pro Portion ca. 465 kcal

4 Knoblauchzehen
1 Stück Ingwer (10 g)
1 grüne Chilischote
2 rote Zwiebeln
4 Rumpsteaks (à ca. 200 g)
3 EL Kokosöl
1 kleine Handvoll getrocknete Curryblätter
1 TL gelbe Senfkörner
2 TL schwarzer Pfeffer, geschrotet
1 TL gemahlener Koriander
1 TL gemahlene Kurkuma
1 Msp. Chilipulver
Saft von 1 Limette
Salz
20 g Koriandergrün

1. Knoblauch und Ingwer schälen und fein reiben. Die Chilischote längs halbieren, entkernen und in feine Streifen schneiden. Die Zwiebeln schälen und in feine Streifen schneiden. Die Rumpsteaks mit Küchenpapier etwas trocken tupfen.

2. Eine große Pfanne mit 2 EL Kokosöl auf mittlerer Stufe erhitzen. Ingwer, Knoblauch, Chili, Zwiebeln, Curryblätter und Senfkörner dazugeben und zugedeckt ca. 5 Min. dünsten. Pfeffer, Koriander, Kurkuma und Chilipulver hinzugeben und bei mittlerer Hitze ca. 30 Sek. einrühren. Mit dem Limettensaft ablöschen und mit Salz abschmecken. Die Gewürzmarinade aus der Pfanne in eine Schüssel geben.

3. Das übrige Kokosöl (1 EL) in der gleichen Pfanne erhitzen. Die Rumpsteaks hineinlegen und pro Seite je nach gewünschter Garstufe je 3–4 Min. anbraten. Den Herd ausstellen, das Fleisch herausnehmen und auf einem Teller oder Küchenbrett ca. 2 Min. ruhen lassen. Anschließend in fingerdicke Streifen schneiden und mit der Marinade zurück in die Pfanne geben.

4. Den Koriander waschen, trocken schütteln und die Blätter mit der Hand etwas zupfen. Zum Pepper Beef in die Pfanne geben.

info *Das Pepper Beef ist ein typisch indisches Gericht, welches mit verschiedenen Beilagen und Broten in der Pfanne auf den Tisch gestellt wird.*

MALABAR SEELACHS

Für 4 Personen
Zubereitung: 35 Min.
Pro Portion ca. 455 kcal

◇◇◇◇◇◇◇◇◇◇◇

4 Seelachsfilets (à ca. 200 g)
1 Stück Ingwer (10 g)
4 Knoblauchzehen
100 g Kokos-Fruchtfleisch
4 rote Zwiebeln
4 mittelscharfe grüne Chilischoten
4 große Tomaten
4 EL Kokosöl
1 TL Fenchelsamen
1 TL Chilipulver
1 TL gemahlener Koriander
1 EL mildes Currypulver
1 TL gemahlene Kurkuma
1 TL schwarzer Pfeffer, geschrotet
Saft von ½ Zitrone
Salz

1. Den Seelachs mit Küchenpapier trocken tupfen, in grobe Stücke schneiden und beiseitestellen. Ingwer und Knoblauch schälen und fein reiben. Das Kokosfleisch ebenfalls fein reiben. Die Zwiebeln schälen und in feine Streifen schneiden. Die Chilischoten waschen, längs halbieren, entkernen und in feine Streifen schneiden. Die Tomaten waschen und fein würfeln.

2. Das Kokosöl in einer großen Pfanne auf mittlerer Stufe erhitzen. Ingwer, Knoblauch, Chilis, Fenchelsamen und Zwiebelstreifen dazugeben und 3–4 Min. dünsten. Die Tomatenwürfel sowie das geriebene Kokosfleisch hinzufügen, alles vermengen und bei mittlerer Hitze 8–10 Min. köcheln, bis die Sauce etwas einreduziert ist.

3. Chilipulver, Koriander, Currypulver, Kurkuma und den geschroteten Pfeffer hinzugeben und alles bei mittlerer Hitze ca. 30 Sek. vermengen. Den Zitronensaft unterrühren und das Ganze mit Salz abschmecken.

4. Die Currypaste in einen Mixer füllen, mixen und wieder zurück in die Pfanne geben. Die Seelachsstücke in die Currypaste geben und zugedeckt bei mittlerer Hitze ca. 10 Min. garen.

TANDOORI DUCK MIT SAFRAN-KARTOFFELPÜREE

Für 4 Personen
Zubereitung: 50 Min.
Marinieren: 2 Std.
Pro Portion ca. 785 kcal

Für die Entenbrust
4 Entenbrustfilets (à ca. 200 g)
4 Knoblauchzehen
1 Stück Ingwer (10 g)
200 g Joghurt
Saft von ½ Limette
2 EL Sesamöl
2 TL gemahlener Koriander
1 TL Garam Masala
2 Msp. Chilipulver
1 TL gemahlene Kurkuma
Salz, Pfeffer

Für das Safran-Kartoffelpüree
800 g mehligkochende Kartoffeln
Salz
150 ml Milch
150 g Sahne
30 g Butter
1 g Safranfäden
Pfeffer
frisch geriebene Muskatnuss
1 EL Rapsöl
100 g Mandelblättchen

1. Für die Entenbrust die Haut von den Entenbrustfilets entfernen und das Fleisch mit Küchenpapier trocken tupfen. Knoblauch und Ingwer schälen und fein reiben.

2. Knoblauch, Ingwer, Joghurt, Limettensaft, Sesamöl, Koriander, Garam Masala, Chilipulver und Kurkuma zu einer Marinade verrühren und mit Salz und Pfeffer abschmecken. Die Entenbrustfilets in die Marinade einlegen und zugedeckt ca. 2 Std. ziehen lassen.

3. Den Backofen auf 200° Ober-/Unterhitze vorheizen. Die Entenbrustfilets aus der Marinade heben und auf ein mit Backpapier ausgelegtes Backblech legen. Im Ofen (Mitte) 20–25 Min. garen. Ab und an etwas Marinade auf die Entenbrust streichen.

4. In der Zwischenzeit für das Safran-Kartoffelpüree die Kartoffeln schälen und zugedeckt in kochendem Salzwasser in ca. 20 Min. garen. Abgießen, kurz ausdampfen lassen und mit einem Kartoffelstampfer zerdrücken.

5. Milch, Sahne, Butter und Safranfäden in einem Topf kurz aufkochen. Die Safransahne unter die Kartoffelmasse rühren. Das Püree mit Pfeffer und Muskatnuss abschmecken.

6. Das Rapsöl in einer Pfanne auf mittlerer Stufe erhitzen. Die Mandelblättchen hinzufügen und langsam unter ständigem Rühren anrösten, bis sie anfangen zu duften. Das Safran-Kartoffelpüree mit den Mandelblättchen toppen und mit der Entenbrust servieren.

GERÖSTETE THUNFISCH-CHOTIS

Für 4 Personen
Zubereitung: 50 Min.
Ruhen: 30 Min.
Pro Portion ca. 455 kcal

◇◇◇◇◇◇◇◇◇◇

Für den Teig
1 EL Butter
400 g Dinkelmehl (Type 1 050)
1 Ei
Salz

Für die Füllung
1 Dose Thunfischfilet (im eigenen Saft)
1 rote Zwiebel
2 Knoblauchzehen
½ Bund Koriandergrün
2 TL edelsüßes Paprikapulver
2 Msp. Chilipulver
½ TL gemahlener Kreuzkümmel
Salz, Pfeffer
1 EL Butter

Außerdem
Mehl zum Arbeiten
300 g griechischer Joghurt
Saft von ½ Limette

1. Für den Teig die Butter schmelzen. Mehl, Ei und die geschmolzene Butter mit 1 Prise Salz und 150 ml lauwarmem Wasser zu einem geschmeidigen Teig verkneten. Der Teig soll glatt und elastisch sein, falls er noch etwas Wasser oder Mehl benötigt, dazugeben. Den Teig bei Zimmertemperatur zugedeckt ca. 30 Min. ruhen lassen.

2. Für die Füllung den Thunfisch abtropfen lassen, gut ausdrücken und in eine Schüssel geben. Zwiebel und Knoblauch schälen und fein hacken. Koriander waschen, trocken schütteln und fein hacken. Zwiebel, Knoblauch, Koriander, Paprikapulver, Chilipulver und Kreuzkümmel zum Thunfisch geben, alles gut vermengen und mit Salz und Pfeffer abschmecken.

3. Den Teig auf einer bemehlten Arbeitsfläche dünn ausrollen und ca. 3 cm große Quadrate ausschneiden. Jeweils ½ TL Füllung in die Mitte geben, die Ecken zur Mitte klappen und andrücken, sodass ein sternförmiges Muster entsteht.

4. Salzwasser in einem Topf zum Kochen bringen und die Chotis hineingeben. Bei mittlerer Hitze ca. 5 Min. ziehen lassen. Je nachdem, wie dick oder dünn der Teig ausgerollt wurde, zwischendurch mal ein Choti probieren. Die Chotis mit einem Schaumlöffel herausheben, abtropfen lassen und in eine Schüssel geben. Die Butter hinzufügen und vorsichtig unterrühren.

5. Eine große Pfanne auf mittlerer Stufe erhitzen und die Chotis darin 3–4 Min. leicht anbraten, dabei die Pfanne hin und her schwenken, damit sich die Röstaromen gleichmäßig verteilen. Falls nötig, etwas Öl dazugeben, damit die Chotis nicht am Pfannenboden kleben. Die Chotis in der Pfanne einige Minuten abkühlen lassen. Den Joghurt über den Chotis verteilen. Mit dem Limettensaft beträufeln und servieren.

tipp *Der Thunfisch kann auch durch Hackfleisch oder eine Gemüsefüllung ersetzt werden.*

CURRY – WAS IST DAS ÜBERHAUPT?

Indische Küche – eine Welt voller Gewürze, Traditionen und Kultur! Wahrscheinlich gibt es auf der ganzen Welt keine Küche, die so einzigartig ist. Aus meiner Sicht auch keine, die so verkannt wird. Denn innerhalb von Indien gibt es unzählige Kochstile, die vom Himalaya bis zu Indiens Südspitze variieren.

Wollte man all dies zu einer indischen Küche zusammenfassen, wäre das so, als würde man typisch norwegische Gerichte mit griechischen in einen Topf werfen als europäische Küche, was keiner der beiden Landesküchen gerecht würde.
Mit der indischen Küche wird in Europa meist sofort ein »Curry« assoziiert, obwohl sie so viel mehr zu bieten hat. Was ist überhaupt ein Curry? Eigentlich gibt es überhaupt kein Curry! Hier heißen sowohl aromatische Gewürzmischungen (meist mit Kurkuma) als auch Gerichte mit viel Sauce Curry. Insbesondere mit Blick auf gekochte Gerichte könnte das Wort Curry kaum unpassender sein. Es ist weder ein Stil noch eine Technik noch ein einzelner Geschmack oder ein bestimmtes Gewürz, was indische Gerichte ausmacht. Ursprünglich bedeutet das tamilische Wort »kari« so etwas wie Gewürzsauce und bezeichnet Gerichte mit Gemüse, Fleisch oder Fisch in einer cremigen Sauce, zu denen Reis oder Brot gegessen wird. Wahrscheinlich gibt es in Indien Hunderte oder Tausende verschiedener Zubereitungsarten für ein solches Gericht, denn nahezu jede Familie hat ihr eigenes Rezept für die Herstellung einer Gewürzmischung, die das Gericht später ausmacht. Ein Hähnchen-Masala, ein Schweine-Vindaloo oder ein Lamm-Korma sind also keinesfalls einfach nur Currys. Der Begriff umfasst ein ganzes Universum von regional, kulturell und religiös geprägten unterschiedlichen Gerichten.

Endlose Variationen

Das macht die indische Küche so spannend. Man lernt nie aus. Auch wer sich schon lange damit beschäftigt, wird irgendwann auf jemanden treffen, der das Fleisch für ein Vindaloo völlig anders oder gar nicht einlegt, der die Gewürzpaste für ein Matar Paneer vorbereitet oder direkt in der Pfanne zusammenrührt. Vielleicht geht es einfach darum, seinen Favoriten zu finden und auch den eigenen Geschmack einfließen zu lassen. Und das ist genau das, was ich beim Schreiben und Kochen für dieses Buch getan habe.

Vegetarisch & Vegan

KAPITEL 5

Hochgenuss ist garantiert! Plant based Rezepte wie Palak Paneer und Chana Curry entführen auf eine Reise durch die kulinarische Vielfalt. Ganz ohne Fleisch.

APFEL-KOHL-THORAN

Für 4 Personen
Zubereitung: 30 Min.
Pro Portion ca. 485 kcal

◇◇◇◇◇◇◇◇◇◇◇◇

400 g Spitzkohl
400 g Grünkohl
2 Knoblauchzehen
1 Scheibe Ingwer
2 rote Zwiebeln
2 EL Kokosöl
1 TL Fenchelsamen
1 TL Zucker
1 Apfel
1 Dose Kokosmilch (400 g)
Salz
100 g Walnusskerne
1 Spritzer Zitronensaft
Pfeffer
1 Prise frisch geriebene Muskatnuss

1. Den Spitzkohl waschen und in feine Scheiben schneiden. Den Grünkohl waschen. Knoblauch, Ingwer und Zwiebeln schälen und würfeln. Einen großen Topf mit dem Kokosöl erhitzen. Zwiebeln und Ingwer dazugeben und bei mittlerer Hitze 4–5 Min. andünsten. Die Fenchelsamen sowie den Knoblauch hinzufügen und kurz andünsten.

2. Den Zucker dazugeben und leicht karamellisieren. Den Apfel schälen, vom Kerngehäuse befreien, in Würfel schneiden und dazugeben. Ca. 1 Min. mit anbraten. Die Hitze erhöhen, die Kokosmilch hinzufügen und die Flüssigkeit um ca. ein Drittel einkochen, damit die Kokosmilch Bindung bekommt.

3. Spitzkohl und Grünkohl nach und nach dazugeben, mit 1 TL Salz bestreuen und bei mittlerer Hitze ca. 10 Min. garen. Die Walnusskerne hacken. Den Kohl mit dem Zitronensaft beträufeln. Mit Salz, Pfeffer und Muskatnuss abschmecken und mit den gehackten Walnüssen toppen.

info *»Thoran« ist eine schnelle Gemüsepfanne aus Kerala, mit einer leicht süßlichen Note.*

VEGETARISCH & VEGAN

CHICKPEA-AVOCADOS MIT ROSINENDRESSING

Für 4 Personen
Zubereitung: 40 Min.
Pro Portion ca. 620 kcal

Für das Dressing
1 Stück Ingwer (10 g)
2 Knoblauchzehen
10 g Minze
50 g Rosinen
100 ml Apfelsaft (naturtrüb)
1 TL Zucker
Saft von ½ Limette
2 Msp. Chilipulver
1 TL Honig
2 EL Rapsöl
½ TL Salz

Für die Kichererbsen
2 Äpfel
1 Dose Kichererbsen (Abtropfgewicht 250 g)
250 g Kirschtomaten
2 EL Rapsöl
Salz
2 Avocados

1. Für das Dressing Ingwer und Knoblauch schälen. Minze waschen und trocken schütteln. Ingwer, Knoblauch und Minze mit allen anderen Zutaten in ein hohes Gefäß geben und ca. 15 Min. einweichen, damit die Rosinen aufquellen. Anschließend mit einem Pürierstab eine Marinade mixen.

2. Für die Kichererbsen den Backofen auf 180° Umluft vorheizen. Die Äpfel waschen, halbieren, vierteln, entkernen und in 1 cm große Würfel schneiden. Die Kichererbsen in einem Sieb abtropfen lassen. Die Kirschtomaten waschen.

3. Apfelwürfel, Kichererbsen und Tomaten auf einem mit Backpapier belegten Backblech verteilen. Mit dem Rapsöl beträufeln und mit 1 TL Salz bestreuen. Im Ofen (Mitte) ca. 10 Min. backen. Herausnehmen und kurz abkühlen lassen.

4. Inzwischen die Avocados schälen, halbieren, entkernen und in ca. 1 cm große Würfel schneiden. Die Mischung vom Blech mit den Avocados in eine Schüssel geben und mit dem Dressing toppen.

tipp *Dieses Gericht eignet sich hervorragend auch als Streetfood. Einfach ein Stück Baguette aufschneiden, die Zutaten auf die untere Hälfte geben, mit einer Gabel andrücken, zuklappen, fertig.*

KÖNIGLICHES BIRYANI IM TONTOPF

Für 4 Personen
Zubereitung: 45 Min.
Backen: 1 Std.
Pro Portion ca. 810 kcal

◇◇◇◇◇◇◇◇◇◇◇

1 Hokkaidokürbis (400 g)
2 Rote Beten (à ca. 100 g)
1 Dose Kichererbsen (Abtropfgewicht 250 g)
200 g Kirschtomaten
½ TL gemahlener Kreuzkümmel
½ TL Garam Masala
1 TL Zucker
Saft von 1 Limette
1 Msp. Chilipulver
4 EL Rapsöl
240 g Basmatireis
2 rote Zwiebeln
1 EL Ghee
½ TL Honig
1 Stück Ingwer (10 g)
2 Knoblauchzehen
1 mittelscharfe Chilischote
10 g Koriandergrün
1 Dose Kokosmilch (400 g)
Salz
1 Packung Blätterteig (aus dem Kühlregal; 270 g)
1 Ei, verquirlt
1 TL schwarzer Sesam

Außerdem
ofenfester Tontopf (oder große ofenfeste Form)

1. Den Ofen auf 200° Ober-/Unterhitze vorheizen. Den Kürbis waschen, vierteln und das faserige Fruchtfleisch sowie die Kerne mit einem Löffel herauslösen. Die Kürbisviertel in Spalten und diese in ca. 2 cm große Würfel schneiden. Die Rote Bete putzen, waschen und ebenfalls in ca. 2 cm große Würfel schneiden.

2. Kichererbsen in ein Sieb abgießen und abtropfen lassen. Tomaten waschen. Kürbis, Rote Bete, Kichererbsen und Tomaten in eine Schüssel geben.

3. Kreuzkümmel, Garam Masala, Zucker, die Hälfte des Limettensaftes, Chilipulver und Rapsöl vermischen. Zum Gemüse geben und gut unterrühren. Die Gemüsemischung auf einem mit Backpapier belegten Backblech verteilen und im Ofen (Mitte) ca. 20 Min. garen.

4. Inzwischen den Reis in eine Schüssel mit warmem Wasser geben und ca. 10 Min. einweichen. Das Wasser abgießen. Zwiebeln schälen und in feine Streifen schneiden. Ghee in einer Pfanne auf mittlerer Stufe erhitzen und die Zwiebeln darin ca. 5 Min. glasig dünsten. Honig hinzugeben und ca. 2 Min. karamellisieren lassen. Zwiebeln herausnehmen und beiseitestellen.

5. Ingwer und Knoblauch schälen und fein würfeln. Chilischote waschen, längs halbieren, entkernen und fein würfeln. Koriander waschen, trocken schütteln und hacken. Die Kokosmilch mit Ingwer, Knoblauch, Chili, Koriander, ½ TL Salz und dem übrigen Limettensaft in einer Schüssel verquirlen.

6. Den Ofen auf 160° herunterstellen. Die Hälfte des Ofengemüses in den Tontopf geben und mit der Hälfte des eingeweichten Reises bedecken. Die Hälfte der Kokossauce darauf verteilen. Den Vorgang wiederholen und das Biryani mit den karamellisierten Zwiebeln toppen. Den Blätterteig als Deckel auf die Zutaten legen und in der Form rundherum gut andrücken. Überstehende Ränder abschneiden. Den Teigdeckel mit verquirltem Ei bestreichen und mit Sesam bestreuen. Das Biryani im Ofen (Mitte) ca. 1 Std. garen.

SAFRAN-BLUMENKOHL-KORMA

Für 4 Personen
Zubereitung: 40 Min.
Pro Portion ca. 400 kcal

◇◇◇◇◇◇◇◇◇◇◇

2 Gemüsezwiebeln (à ca. 250 g)
1 Stück Ingwer (10 g)
1 mittelscharfe Chilischote
2 Knoblauchzehen
4 grüne Kardamomkapseln
2 EL Ghee
1 g Safranfäden
80 g Mandelkerne
1 Msp. Zimtpulver
1 TL gemahlener Koriander
1 TL gemahlener Kreuzkümmel
1 EL Honig
1 TL Zucker
1 Spritzer Zitronensaft
Salz, Pfeffer
400 g Kokosmilch
1 Blumenkohl (ca. 800 g)
2 EL Rapsöl

1. Die Zwiebeln schälen und in Würfel schneiden. Den Ingwer schälen und reiben, die Chilischote waschen, längs halbieren, entkernen und in feine Streifen schneiden. Den Knoblauch schälen und fein würfeln. Die Kardamomkapseln aufbrechen, die Samen herauslösen und zerstoßen.

2. Das Ghee in einer Pfanne auf mittlerer Stufe erhitzen. Zwiebelwürfel, Ingwer, Chili, Knoblauch, Kardamom sowie Safran hinzufügen und zugedeckt ca. 12 Min. dünsten. Inzwischen eine kleine Pfanne auf mittlerer Stufe erhitzen und die Mandeln darin ohne Fett 4–5 Min. anrösten.

3. Zimt, Koriander, Kreuzkümmel, Honig, Zucker, Zitronensaft sowie ½ TL Salz zur Zwiebelmischung geben und die Gewürze bei mittlerer Hitze 1 Min. anbraten. Die Mandeln hinzugeben, mit Salz und Pfeffer abschmecken. Die Mischung mit der Kokosmilch aufgießen und alle Zutaten kurz verrühren. In einen Mixer geben und zu einer Sauce mixen.

4. Den Backofen auf 180° Umluft vorheizen. Den Blumenkohl waschen, putzen und in Röschen schneiden. Die Blumenkohlröschen auf einem mit Backpapier belegten Blech verteilen, mit dem Rapsöl und ½ TL Salz vermengen und im Ofen (Mitte) ca. 8 Min. backen.

5. Die Currysauce auf Teller verteilen und den Blumenkohl darauf anrichten.

VEGETARISCH & VEGAN

BURNT AUBERGINES MIT BLUMENKOHL-HUMMUS

Für 4 Personen
Zubereitung: 45 Min.
Pro Portion ca. 390 kcal

◇◇◇◇◇◇◇◇◇◇◇

1 kleiner Blumenkohl (ca. 400 g)
2 EL Rapsöl
Salz
4 Auberginen
1 Dose Kichererbsen (Abtropfgewicht 250 g)
4 Knoblauchzehen
1 TL gemahlener Kreuzkümmel
2 Msp. Chilipulver
Saft von 1 Limette
2 EL Tahin (Sesampaste)
1 TL Zucker
Pfeffer

Für das Topping
10 g Koriandergrün (nach Belieben)
50 g gehackte Pistazien
100 g Granatapfelkerne

1. Den Backofen auf 180° Umluft vorheizen. Den Blumenkohl in mundgerechte Röschen schneiden und in einer Schüssel mit dem Rapsöl und ½ TL Salz vermengen. Die Blumenkohlröschen auf einem mit Backpapier belegten Backblech verteilen und im Ofen (Mitte) ca. 10 Min. garen. Herausnehmen.

2. Den Backofen auf 220° Ober-/Unterhitze vorheizen. Die Auberginen rundherum mehrmals mit einer Gabel einstecken, auf einen Backofenrost legen und im Ofen (Mitte) 12–14 Min. garen, bis die Haut schwarz wird.

3. Inzwischen die Kichererbsen in ein Sieb abgießen und abtropfen lassen. Den Knoblauch schälen. Blumenkohlröschen, Kichererbsen, Knoblauch, Kreuzkümmel, 1 TL Salz, Chilipulver, Limettensaft, Tahin und Zucker in einem Mixer oder mit dem Pürierstab zu einem cremigen Hummus mixen. Mit Salz und Pfeffer abschmecken.

4. Die Auberginen herausnehmen und vorsichtig mit einem kleinen Messer häuten, dabei den Strunk dranlassen, damit die Auberginen nicht auseinanderfallen. Die gehäuteten Auberginen auf Küchenpapier legen, da sie Wasser verlieren.

5. Den Hummus kreisrund auf Tellern anrichten und die Auberginen daraufsetzen. Koriander, falls verwendet, waschen, trocken schütteln und hacken. Hummus und Auberginen mit den gehackten Pistazien, Granatapfelkernen und Koriander toppen.

tipp *Der Blumenkohl kann auch durch andere Gemüsesorten, wie zum Beispiel Brokkoli oder Möhren, ersetzt werden.*

CHANA CURRY

Für 4 Personen
Zubereitung: 35 Min.
Pro Portion ca. 435 kcal

◇◇◇◇◇◇◇◇◇◇◇

400 g TK-Spinat
2 Dosen Kichererbsen (Abtropfgewicht 250 g)
2 große Zwiebeln
4 Knoblauchzehen
1 Stück Ingwer (10 g)
1 mittelscharfe Chilischote
200 g Kirschtomaten
1 EL Butter
1 TL schwarze Senfsamen
½ Tube Tomatenmark
1 Prise Zucker
2 EL Rapsöl
1 TL gemahlener Kreuzkümmel
1 TL gemahlener Koriander
1 TL gemahlene Kurkuma
Salz
250 ml passierte Tomaten
250 g Sahne

1. Den Spinat auftauen lassen und kräftig ausdrücken. Die Kichererbsen in einem Sieb abtropfen lassen und in einer Schüssel beiseitestellen. Zwiebeln, Knoblauch sowie Ingwer schälen und in feine Würfel schneiden. Die Chilischote waschen, längs halbieren, entkernen und ebenfalls fein würfeln. Die Kirschtomaten waschen und vierteln.

2. Die Butter in einer hohen Pfanne erhitzen. Zwiebeln, Knoblauch, Ingwer, Chili und Senfsamen darin zugedeckt bei mittlerer Hitze 4–5 Min. glasig dünsten. Das Tomatenmark und den Zucker dazugeben und weitere 2–3 Min. anbraten. Die Kirschtomaten dazugeben.

3. Das Rapsöl hinzufügen. Kreuzkümmel, Koriander, Kurkuma und 1 TL Salz dazugeben und alle Zutaten rasch verrühren. Die Kichererbsen sowie den Spinat hinzugeben und gut untermischen. Zum Schluss die passierten Tomaten und die Sahne hinzugeben und alle Zutaten gut vermischen. Bei mittlerer Hitze 4–5 Min. ziehen lassen.

VEGETARISCH & VEGAN

PARMESAN-OFEN-ALOO MIT ROSENKOHL

Für 4 Personen
Zubereitung: 15 Min.
Backen: 35 Min.
Pro Portion ca. 645 kcal

◇◇◇◇◇◇◇◇◇◇

2 Knoblauchzehen
500 g Drillinge (kleine Kartoffeln)
1 kg Rosenkohl
150 g Butter
200 g frisch geriebener Parmesan
1 TL geräuchertes Paprikapulver
1 TL edelsüßes Paprikapulver
Salz, Pfeffer
½ TL Koriandersamen
1 EL Olivenöl
1 Spritzer Zitronensaft
½ Bund Koriandergrün

Außerdem
ofenfeste Form

1. Den Backofen auf 180° Umluft vorheizen.

2. Den Knoblauch schälen und fein hacken. Die Kartoffeln und den Rosenkohl waschen und jeweils halbieren. Die Rosenkohlstrünke leicht einschneiden.

3. Die Butter in eine Pfanne oder einen Topf geben und schmelzen. Knoblauch, Parmesan, beide Paprikapulver, Salz und Pfeffer dazugeben. Die Koriandersamen andrücken und ebenfalls hinzufügen.

4. Die Parmesanmischung so in einer ofenfesten Form verteilen, dass der Boden bedeckt ist. Die Kartoffeln und den Rosenkohl mit der Schnittfläche nach unten auf die Parmesanmischung legen, bis die Form gefüllt ist.

5. Das Gemüse mit Olivenöl und Zitronensaft beträufeln. Im Ofen (Mitte) ca. 35 Min. garen, bis die Kartoffeln weich und braun sind. Den Koriander waschen, trocken schütteln und hacken. Das fertige Gericht damit garnieren.

ALOO MATTAR KEBABS

Für 4 Personen
Zubereitung: 30 Min.
Kartoffeln garen: 20 Min.
Pro Portion ca. 345 kcal

◇◇◇◇◇◇◇◇◇◇◇

500 g festkochende Kartoffeln
200 g TK-Erbsen
200 g TK-Spinat
1 Stück Ingwer (10 g)
2 Knoblauchzehen
1 mittelscharfe Chilischote
1 Limette
½ TL gemahlener Kreuzkümmel
½ TL Fenchelsamen
1 TL schwarze Senfsamen
1 EL Garam Masala
2 EL Kichererbsenmehl
Salz
1 EL edelsüßes Paprikapulver
1 Prise frisch geriebene Muskatnuss
½ Bund Petersilie
3 EL Rapsöl

1. Die Kartoffeln in einem Topf mit Wasser in ca. 20 Min. weich garen. Abgießen, grob zerstampfen und in einer großen Schüssel lauwarm abkühlen lassen. Erbsen und Spinat auftauen lassen.

2. Ingwer sowie Knoblauch schälen und zu den Kartoffeln reiben. Die Chilischote waschen, längs halbieren, entkernen und fein würfeln. Ebenfalls zu den Kartoffeln geben. Die Limette halbieren und den Saft über die Kartoffeln träufeln.

3. Kreuzkümmel, Fenchelsamen, Senfsamen, Garam Masala, Kichererbsenmehl, 1 TL Salz, Paprikapulver und Muskatnuss in einer kleinen Schüssel vermengen. Zu den Kartoffeln geben und gut untermischen.

4. Die Petersilie waschen und trocken schütteln. Das Wasser aus dem Spinat kräftig ausdrücken. Petersilie sowie Spinat grob hacken und mit den Erbsen zu der Kartoffelmischung geben. 1 EL Rapsöl dazugeben und alle Zutaten gut vermengen. Mit den Händen zu tennisballgroßen (100–120 g) Kugeln formen.

5. Eine große Pfanne mit dem übrigen Rapsöl (2 EL) auf mittlerer Stufe erhitzen. Die Kartoffelkugeln portionsweise hineinlegen und etwas andrücken, sodass sie oval oder rund und etwa doppelt so groß werden. Die Kebabs bei kleiner bis mittlerer Hitze von beiden Seiten 4–5 Min. braten.

info *Die Senfsamen geben dem Gericht einen kleinen unerwarteten »Crunch«.*

VEGETARISCH & VEGAN

KICHERERBSENSALAT MIT ORANGEN-HUMMUS

Für 4 Personen
Zubereitung: 45 Min.
Pro Portion ca. 605 kcal

Für den Salat
250 g Kirschtomaten
1 Salatgurke
20 g Petersilie
2 große Schalotten
2 EL Olivenöl
grobes Meersalz
1 Dose Kichererbsen (Abtropfgewicht 250 g)
2 EL Rapsöl
½ TL Paprikapulver
½ TL gemahlener Kreuzkümmel
1 Msp. Chilipulver

Für den Hummus
1 Dose Kichererbsen (Abtropfgewicht 250 g)
1 Orange
1 EL Tahin (Sesampaste)
2 EL Olivenöl
grobes Meersalz
evtl. Pfeffer

1. Für den Salat die Kirschtomaten waschen, vierteln und in eine große Schüssel geben. Die Gurke waschen, längs halbieren, vierteln und mit einem Löffel die Kerne herauslösen. Die Gurkenviertel in feine Würfel schneiden und zu den Tomaten geben. Die Petersilie waschen, trocken schütteln und fein hacken. Ebenfalls dazugeben. Die Schalotten schälen, fein würfeln und ebenfalls hinzufügen. Mit Olivenöl und ½ TL grobem Meersalz würzen.

2. Den Backofen auf 180° Umluft vorheizen. Die Kichererbsen in einem Sieb abtropfen lassen. In eine Schüssel geben und mit Rapsöl, Paprikapulver, Kreuzkümmel, Chilipulver und ½ TL grobem Meersalz vermengen. Die Kichererbsen auf einem mit Backpapier belegten Backblech verteilen und im Ofen (Mitte) ca. 10 Min. backen.

3. Inzwischen für den Hummus die Kichererbsen in einem Sieb abtropfen lassen und in einen Mixer geben. Die Orange halbieren und auspressen. Tahin, Olivenöl, ½ TL grobes Meersalz und die Hälfte des Orangensaftes zu den Kichererbsen geben und alle Zutaten zu einem cremigen Hummus mixen.

4. Je 1–2 EL Hummus auf einem Teller verstreichen und den Salat mittig darauf anrichten. Mit dem übrigen Orangensaft beträufeln und mit den gerösteten Kichererbsen toppen. Ggf. mit Salz und Pfeffer abschmecken.

VEGETARISCH & VEGAN

KOKOSKOHL MIT PELLKARTOFFELN

Für 4 Personen
Zubereitung: 50 Min.
Pro Portion ca. 305 kcal

◇◇◇◇◇◇◇◇◇◇◇

1 kg festkochende Kartoffeln
1 Weißkohl
2 Knoblauchzehen
1 Stück Ingwer (20 g)
2 EL Ghee (ersatzweise Margarine)
300 g Kokosmilch
Salz
1 EL Zucker
Saft von ½ Zitrone
10 g Koriandergrün

1. Einen Topf mit Wasser zum Kochen bringen und die Kartoffeln darin je nach Größe ca. 25 Min. kochen.

2. Inzwischen den Weißkohl halbieren, den Strunk entfernen und die Hälften in Streifen schneiden. Den Knoblauch schälen und reiben, den Ingwer schälen und hacken.

3. Einen großen Topf mit 1 EL Ghee erhitzen und die Weißkohlstreifen dazugeben. Ca. 5 Min. anbraten, bis sie beginnen zusammenzufallen. Kokosmilch, Ingwer, Knoblauch, 1 TL Salz, Zucker und Zitronensaft dazugeben. Den Kohl zugedeckt bei kleiner Hitze ca. 20 Min. köcheln lassen.

4. Die gekochten Kartoffeln abgießen, kurz abkühlen lassen und pellen. Große Kartoffeln vierteln. Das übrige Ghee (1 EL) in einer Pfanne erhitzen und die Kartoffeln darin schwenken.

5. Den Koriander waschen, trocken schütteln und hacken. Das Gericht mit dem Koriander toppen.

MANGO-FENCHEL-SALAT

Für 4 Personen
Zubereitung: 30 Min.
Ziehen: 10 Min.
Pro Portion ca. 240 kcal

2 Knollen Fenchel (à ca. 300 g)
2 unreife Mangos
2 rote Zwiebeln
1 mittelscharfe Chilischote
1 Stück Ingwer (10 g)
1 Limette
10 g Koriandergrün
2 EL Rapsöl
1 TL Fenchelsamen
1 TL schwarze Senfsamen
2 TL Honig
Salz
50 ml Apfelsaft (naturtrüb)

1. Fenchel putzen, waschen und in feine Streifen schneiden. Die Mangos schälen, das Fruchtfleisch vom Stein schneiden und ebenfalls in feine Streifen schneiden. Beides in eine große Schüssel geben.

2. Die Zwiebeln schälen und fein würfeln. Die Chilischote waschen, längs halbieren, entkernen und in feine Streifen schneiden. Den Ingwer schälen und reiben. Die Limette halbieren und auspressen. Den Koriander waschen, trocken schütteln und fein hacken.

3. Eine Pfanne mit dem Rapsöl auf mittlerer Stufe erhitzen. Fenchelsamen und Senfsamen dazugeben und ca. 2 Min. anrösten. Zwiebelwürfel, Ingwer und Chilistreifen hinzufügen und zugedeckt bei mittlerer Hitze weitere 3–4 Min. dünsten. Honig, 1 TL Salz, Limetten- und Apfelsaft hinzugeben und die Hitze erhöhen. Alles 1 Min. dünsten.

4. Die heiße Marinade über die Fenchel- und Mangostreifen gießen, unterheben und den Salat ca. 10 Min. durchziehen lassen. Zum Schluss den gehackten Koriander unterheben.

tipp *Eine warme Marinade zieht viel schneller in den Salat.*

PALAK-PANEER-TORTILLA

Für 4 Personen
Zubereitung: 25 Min.
Garen: 20 Min.
Pro Portion ca. 575 kcal

◇◇◇◇◇◇◇◇◇◇◇

1 kg Kartoffeln
200 g Blattspinat
1 rote Zwiebel
2 Knoblauchzehen
200 g Paneer (indischer Frischkäse)
1 EL Ghee
Salz
8 Eier
1 TL Garam Masala
½ TL Cayennepfeffer
2 Msp. Chilipulver

1. Die Kartoffeln schälen und in ca. 1 cm große Würfel schneiden. Den Spinat waschen, trocken schütteln und fein hacken. Zwiebel und Knoblauch schälen und fein würfeln. Den Paneer reiben.

2. Eine große Pfanne mit dem Ghee auf mittlerer Stufe erhitzen. Die Kartoffelwürfel dazugeben und mit 1 TL Salz würzen und ca. 15 Min. garen. Dabei ab und zu umrühren.

3. Die Eier in eine Schüssel geben und mit 1 TL Salz, Garam Masala, Cayennepfeffer und Chilipulver verquirlen. Spinat, Knoblauch, Zwiebeln und Paneer dazugeben und verrühren.

4. Die Ei-Paneer-Mischung gleichmäßig über die Kartoffelwürfel in die Pfanne geben. Die Mischung zugedeckt bei sehr kleiner Hitze 15–20 Min. garen, bis sie schön fest geworden ist.

5. Die Tortilla aus der Pfanne stürzen und anrichten.

ROTI-MÖHREN-ROTKOHL-PFANNE

Für 4 Personen
Zubereitung: 35 Min.
Pro Portion ca. 505 kcal

◇◇◇◇◇◇◇◇◇◇◇◇

4 Knoblauchzehen
1 Stück Ingwer (10 g)
1 Dose stückige Tomaten (400 g)
½ TL Cayennepfeffer
2 EL Rapsöl
1 EL Sojasauce
½ TL gemahlener Kreuzkümmel
2 rote Zwiebeln
½ Rotkohl
2 Möhren
1 Frühlingszwiebel
4 Rotis (ersatzweise Tortillafladen)
1 Handvoll frische Minze
Salz, Pfeffer

1. Knoblauch und Ingwer schälen und in einen Mixer geben. Stückige Tomaten, Cayennepfeffer, 1 EL Rapsöl, Sojasauce und Kreuzkümmel dazugeben und alles mixen.

2. Die Zwiebeln schälen und in feine Streifen schneiden. Den Rotkohl ebenfalls in feine Streifen schneiden. Die Möhren putzen, schälen und in feine Streifen schneiden. Die Frühlingszwiebel putzen, waschen und in Ringe schneiden. Das übrige Öl (1 EL) in einer großen Pfanne oder einem Topf erhitzen. Zwiebeln, Rotkohl, Möhren und Frühlingszwiebel dazugeben und bei mittlerer Hitze unter gelegentlichem Rühren in 10–12 Min. garen.

3. Die Tomatenmischung aus dem Mixer dazugeben und unterrühren. Rotis oder Tortilla in feine Streifen schneiden, in die Pfanne geben und vorsichtig unterheben. Die Minze waschen, trocken schütteln, hacken und dazugeben. Das Gericht mit Salz und Pfeffer abschmecken.

tipp *Auch mit Weißkohl oder Spitzkohl anstelle des Rotkohls eine spannende Variante.*

UTTAPAM – INDISCHE REISPFANNKUCHEN

Für 4 Personen
Zubereitung: 35 Min.
Pro Portion ca. 560 kcal

◇◇◇◇◇◇◇◇◇◇

Für die Reispfannkuchen
150 g Reismehl
100 g Weizenmehl
½ Päckchen Backpulver
½ TL Salz
2 EL Joghurt
2 Eier (M)

Für den Belag
2 rote Zwiebeln
2 EL Rapsöl
250 g Kirschtomaten
Salz
Pfeffer
1 Msp. Chilipulver
½ TL Honig
Saft von ½ Zitrone

Außerdem
2 EL Ghee zum Backen
200 g geriebener Gouda zum Bestreuen

1. Für die Pfannkuchen alle Zutaten mit 200 ml warmem Wasser in einer Schüssel zu einem pfannkuchenähnlichen Teig verrühren.

2. Für den Belag die Zwiebeln schälen, halbieren und in feine Streifen schneiden. Das Öl in einer Pfanne erhitzen. Die Zwiebelstreifen dazugeben und bei mittlerer Hitze ca. 8 Min. dünsten. Die Kirschtomaten waschen, in Scheiben schneiden und dazugeben. ½ TL Salz, Pfeffer, Chilipulver, Honig und Zitronensaft hinzugeben und vermengen. Die Hitze erhöhen und die Mischung unter ständigem Rühren ca. 1 Min. kräftig anbraten. Das karamellisierte Gemüse beiseitestellen.

3. Eine große, flache Pfanne mit ½ TL Ghee erhitzen und ½ Kelle Teig hineingeben. Den Teig mit der Rückseite der Kelle zu einem ca. 20 cm großen Fladen verstreichen.

4. Ein Viertel der Tomaten-Zwiebel-Mischung darauf verteilen und den Pfannkuchen ca. 1½ Min. braten. Umdrehen und weitere 1½ Min. braten. Ein weiteres Mal umdrehen und 50 g Gouda daraufstreuen. Den Käse leicht schmelzen lassen. Den Uttapam mit Salz, Pfeffer und Zitronensaft abschmecken. Den Pfannkuchen aus der Pfanne nehmen, 3 weitere Uttapams auf die gleiche Weise zubereiten und die Pfannkuchen servieren.

SÜSSKARTOFFEL-CHAAT MIT SPINAT-TEMPURA

Für 4 Personen
Zubereitung: 20 Min.
Backen: 40 Min.
Pro Portion ca. 315 kcal

2 Süßkartoffeln
Rapsöl zum Bepinseln
200 g frischer Spinat (am besten großblättrig)

Für den Teig
4 EL Kichererbsenmehl
1 Ei
Salz
½ Päckchen Backpulver
2 EL Speisestärke
½ TL gemahlener Kreuzkümmel
½ TL gemahlener Koriander
1 Msp. Chilipulver
1 Spritzer Limettensaft

Außerdem
½ l Rapsöl zum Ausbacken
Koriandergrün und Limettensaft zum Servieren

1. Den Backofen auf 180° Umluft vorheizen. Die Süßkartoffeln waschen, halbieren und in ca. 2 cm dicke Spalten schneiden. Die Süßkartoffelspalten auf einem mit Backpapier belegten Backblech verteilen. Mit etwas Rapsöl einpinseln und im Ofen (Mitte) ca. 40 Min. garen, bis sie anfangen etwas bräunlich und knusprig zu werden.

2. Inzwischen für den Tempurateig Kichererbsenmehl, Ei, ½ TL Salz, Backpulver, Speisestärke, 150 ml lauwarmes Wasser und die Gewürze sowie den Limettensaft in einer großen Schüssel mit dem Pürierstab zu einem glatten, ziemlich flüssigen Teig verrühren.

3. Den Spinat waschen und trocken schütteln, die Stiele grob von den Blättern zupfen. Den Spinat zum Tempurateig geben und mit den Händen untermengen. Die Spinatblätter sollen nicht vollständig von einer dicken Teigschicht überzogen sein, vielmehr soll es so aussehen, als würde man den Spinat mit einem dickflüssigen Salatdressing marinieren.

4. Das Rapsöl in einer hohen Pfanne oder einem Topf auf 165° erhitzen. Die panierten Spinatblätter darin portionsweise ca. 1 Min. frittieren, bis sie knusprig und goldbraun sind. Mit einem Schaumlöffel herausnehmen und auf Küchenpapier entfetten.

5. Die Süßkartoffelspalten auf Teller verteilen und die gebackenen Spinatblätter darauf anrichten. Mit etwas Koriander und Limettensaft toppen.

INDIAN SUMMER REISPFANNE

Für 4 Personen
Zubereitung: 35 Min.
Pro Portion ca. 545 kcal

Für den Gewürzreis
2,5 Tassen Reis (300 g)
2 Zimtstangen
4 Sternanis
½ TL Kreuzkümmelsamen
4 Nelken
1 EL Kokosöl
Salz

Für das Gemüse
1 Zwiebel
2 Knoblauchzehen
1 Stück Ingwer (10 g)
1 Brokkoli
100 g Zuckerschoten
½ Bund Koriandergrün
2 EL Kokosöl
1 TL schwarze Senfsamen
200 g TK-Erbsen
Saft von ½ Limette
Salz, Pfeffer

1. Den Reis mit 4 Tassen (480 ml) Wasser in einen Topf geben und zum Kochen bringen. Die ganzen Gewürze sowie das Kokosöl und 1 TL Salz hinzugeben. Sobald das Wasser anfängt zu kochen, die Hitze unter dem Siedepunkt halten und den Reis zugedeckt ca. 20 Min. garen.

2. Für das Gemüse Zwiebel und Knoblauch schälen und fein hacken. Den Ingwer schälen und reiben. Den Brokkoli waschen und die Röschen vom Strunk schneiden. Die Zuckerschoten waschen und in ca. 1 cm breite Streifen schneiden. Den Koriander waschen, trocken schütteln und fein hacken.

3. Eine Pfanne mit dem Kokosöl erhitzen und die Senfsamen darin ca. 1 Min. erhitzen, bis sie anfangen zu springen. Den Ingwer dazugeben. Die Zwiebel hinzufügen und bei kleiner Hitze 4–5 Min. dünsten. Den Knoblauch dazugeben und ca. 2 Min. andünsten.

4. Erbsen und Brokkoliröschen in die Pfanne geben, alles einmal durchmengen und zugedeckt ca. 5 Min. dünsten. Limettensaft und Zuckerschoten hinzufügen. Den Koriander dazugeben und das Gemüse mit Salz und Pfeffer würzen. Zum Schluss den gekochten Gewürzreis mit dem Gemüse vermengen.

CREAMY DAAL NACH PUNJABI-ART

Für 4 Personen
Zubereitung: 35 Min.
Einweichen: 2 Std.
Pro Portion ca. 750 kcal

◇◇◇◇◇◇◇◇◇◇◇

Für die Linsen
500 g rote Linsen
350 ml Apfelsaft (naturtrüb)
2 EL Rapsöl
Salz

Für die Currypaste
2 Zwiebeln
4 EL Rapsöl
½ mittelscharfe Chilischote
2 Knoblauchzehen
½ Tube Tomatenmark
½ TL brauner Zucker
2 EL Currypulver
1 EL Garam Masala
½ TL gemahlener Kreuzkümmel
½ TL gemahlener Koriander
1 TL edelsüßes Paprikapulver
2 EL Ingwershot
200 ml passierte Tomaten
1 Spritzer Limettensaft
250 g Kokosmilch
250 g Sahne
Salz, Pfeffer
Ghee (nach Belieben)

1. Für die Linsen die roten Linsen in einem Topf mit dem Apfelsaft, 250 ml Wasser, dem Öl und 1 TL Salz ca. 2 Std. einweichen.

2. Die Flüssigkeit langsam zugedeckt zum Köcheln bringen und die Linsen ca. 10 Min. unter ständigem Rühren garen, bis sie sich gelb färben.

3. Für die Currypaste die Zwiebeln schälen und würfeln. 3 EL Öl in einem Topf oder einer Pfanne erhitzen. Die Zwiebelwürfel dazugeben und zugedeckt bei kleiner Hitze ca. 10 Min. dünsten, bis sie leicht braun werden.

4. Inzwischen die Chilischote waschen, längs halbieren, entkernen und in feine Würfel schneiden. Den Knoblauch schälen und ebenfalls fein würfeln. Beides zu den Zwiebeln geben und bei mittlerer Hitze ca. 2 Min. andünsten. Das Tomatenmark hinzufügen und ca. 2 Min. rösten, bis es dunkelrot wird.

5. Die Hitze etwas reduzieren. Zucker, übriges Öl (1 EL), Currypulver, Garam Masala, Kreuzkümmel, Koriander und Paprikapulver hinzufügen. Die Hitze wieder etwas erhöhen und die Gewürze langsam ca. 1 Min. anrösten. Die Zutaten verrühren, bis eine gleichmäßige Currypaste entsteht.

6. Ingwershot, passierte Tomaten, Limettensaft, Kokosmilch und Sahne bei kleiner Hitze unterrühren. Die Linsen vorsichtig unterrühren. Das Daal mit Salz, Pfeffer und ggf. mit 1 Klecks Ghee abschmecken.

tipp *Durch das Einweichen vergrößert sich die Oberfläche der Linsen und sie können beim anschließenden Kochvorgang die Hitze gleichmäßiger aufnehmen. Dadurch wird verhindert, dass die Linsen zerkochen. Etwas leichter wird das Daal, wenn ihr einen Teil der Sahne durch Kokosmilch ersetzt.*

PALAK PANEER

Für 4 Personen
Zubereitung: 50 Min.
Pro Portion ca. 760 kcal

◇◇◇◇◇◇◇◇◇◇◇

2 Gemüsezwiebeln
2 Knoblauchzehen
1 Stück Ingwer (10 g)
1 TL gemahlener Kreuzkümmel
2 TL edelsüßes Paprikapulver
1 TL gemahlener Koriander
1 TL Garam Masala
Salz
1 TL Rohrzucker
2 Msp. Chilipulver
4 EL Rapsöl
2 EL Tomatenmark
Saft von ½ Zitrone
50 ml Apfelsaft (naturtrüb)
300 ml Tomatensaft
300 g Kokosmilch
200 g Sahne
Salz, Pfeffer
400 g Blattspinat
400 g Paneer (indischer Frischkäse)
1 EL Butter

1. Zwiebeln und Knoblauch schälen und in feine Würfel schneiden. Den Ingwer schälen und fein reiben. Kreuzkümmel, Paprikapulver, Koriander, Garam Masala, 1 TL Salz, Zucker und Chilipulver in einer Schüssel vermengen.

2. Das Rapsöl in einer großen Pfanne oder einem Topf erhitzen. Zwiebeln, Knoblauch und Ingwer dazugeben und zugedeckt bei mittlerer Hitze ca. 10 Min. andünsten. Den Deckel abnehmen und alles offen weitere 5 Min. andünsten.

3. Das Tomatenmark dazugeben und bei mittlerer Hitze 2–3 Min. anschwitzen, bis es sich dunkelrot färbt. Die Gewürzmischung hinzugeben und unter ständigem Rühren ca. 1 Min. anrösten.

4. Mit dem Zitronensaft ablöschen. Apfelsaft, Tomatensaft, Kokosmilch und Sahne hinzugeben und alle Zutaten verrühren. Das Curry bei mittlerer Hitze ca. 5 Min. köcheln lassen. Mit Salz und Pfeffer abschmecken.

5. Den Spinat putzen, waschen und trocken schütteln. Den Paneer in 3–4 cm große Würfel schneiden. Die Butter in einer großen Pfanne erhitzen und die Paneerwürfel darin bei mittlerer Hitze von allen Seiten 3–4 Min. anbraten. Den Blattspinat nach und nach hinzugeben und jede Portion zusammenfallen lassen. Die Paneer-Spinat-Mischung unter die Currypaste heben.

tipps *Anstelle des Spinats könnt ihr auch 400 g TK-Erbsen nehmen. Diese nach dem Paneer dazugeben und 2–3 Min. auftauen und erwärmen. Für eine vegane Variante die Butter durch Rapsöl, den Paneer-Käse durch Tofu und die Sahne durch Kokosmilch ersetzen.*

VEGETARISCHE VIELFALT

Die vegetarische Küche ist in Indien ein riesengroßes Thema. Fast nirgendwo auf der Welt wird so wenig Fleisch gegessen wie dort. Das liegt vor allem daran, dass das Land vom Hinduismus geprägt ist, den etwa 80 Prozent der Bevölkerung praktizieren. Der Hinduismus lehrt unter anderem Gewaltlosigkeit und Respekt vor allen Lebewesen, woraus im Laufe der Jahrtausende eine wunderbar vielfältige vegetarische Küche entstanden ist.

Aus meiner Sicht ist die indische Küche in ihrer vegetarischen Form so außergewöhnlich, weil sie vertraute Zutaten völlig neu interpretiert und durch ihre Gewürzvielfalt Geschmackserlebnisse hervorbringt, die kein Fleisch vermissen lassen. Bestes Beispiel dafür ist die Kichererbse. Bei uns in Deutschland wird sie von vielen Menschen nicht übermäßig geschätzt und kommt meistens in Form von Hummus auf den Teller. In Indien werden Kichererbsen zu einem glutenfreien Mehl verarbeitet, aus dem wiederum wunderbare Brote (Papadum; Roti; Dhokla) oder der Teig für Teigtaschen (Samosas) hergestellt wird. Kichererbsen werden zusammen mit Kartoffeln frittiert und mit leckeren Saucen als Beilage gegessen oder mit Gewürzen im Ofen gebacken und wie Nüsse als Snacks verzehrt. Insgesamt kann man wohl sagen, dass die Inderinnen und Inder einfach sehr erfinderisch sind und (insbesondere) vegetarische Gerichte entwickelt haben, die nicht nur verblüffend einfach in ihrer Zubereitung, sondern auch überraschend vielfältig in ihrem Geschmack sind.

Fleischlos satt und glücklich

In diesem Kapitel gibt es viele spannende vegetarische und vegane Gerichte, die ihr, wenn ihr möchtet, natürlich nach Belieben auch mit Fleisch oder Fisch ergänzen könnt. Ich würde mir aber wünschen, dass auch der eine oder andere Fleischliebhaber sich mal an einem vegetarischen Rezept probiert und sich davon überzeugen lässt, dass auch fleischlose Gerichte einen rundum satt und zufrieden machen können. Ich verspreche euch, dass ihr nichts vermissen werdet!

Drinks & Sweets

KAPITEL 6

Sweets are happiness! Eine Crème brûlée von Masala Chai als Dessert oder ein Bengal Tiger Cocktail? Am besten gleich beides, man gönnt sich ja sonst nichts.

BENGAL TIGER COCKTAIL

Für 1 Person
Zubereitung: 10 Min.
Pro Portion ca. 185 kcal

5 cl weißer Rum
1 cl Brandy
6 cl Ananassaft
4 Eiswürfel
2 cl Granatapfelsaft
Früchte zum Garnieren (nach Belieben)

1. Rum, Brandy und Ananassaft vermengen. Die Eiswürfel in ein Glas geben und den Cocktail dazugießen. Den Granatapfelsaft vorsichtig mit einem Löffel an der Seite des Glases einfüllen, sodass sich im Glas zwei verschiedenfarbige Schichten bilden.

2. Den Cocktail nach Belieben mit Früchten garnieren und servieren.

CHAI-TEE

Für 4 Personen
Zubereitung: 15 Min.
Pro Portion ca. 125 kcal

4 grüne Kardamomkapseln
4 EL schwarzer Tee (Darjeeling, ersatzweise 4 Beutel)
4 Nelken
1 Sternanis
1 Msp. Zimtpulver
½ TL Garam Masala
2 TL Honig
1 TL Kokosblütenzucker
200 ml Kondensmilch

1. Die Kardamomkapseln andrücken, damit sie aufbrechen. In einem Topf 500 ml Wasser aufkochen. Den Topf vom Herd nehmen und den schwarzen Tee dazugeben. 3–4 Min. ziehen lassen.

2. Eine Pfanne auf mittlerer Stufe erhitzen. Nelken, Sternanis, Zimt, Kardamomkapseln und Garam Masala darin ca. 1 Min. anrösten. Die Mischung zum Tee geben. Honig, Kokosblütenzucker und Kondensmilch hinzufügen und den Chai auf Gläser verteilen.

tipp *Auch frisch geriebener Ingwer passt zu dem Chai-Tee. Für eine vegane Variante die Kondensmilch durch einen veganen Drink ersetzen.*

JALJEERA GIN TONIC

Für 1 Person
Zubereitung: 5 Min.
Pro Portion ca. 185 kcal

◇◇◇◇◇◇◇◇◇◇◇◇

3 cl Gin
1 cl Limettensaft
1 cl Zuckersirup
1 Msp. Chat Masala (Gewürzmischung)
4 Eiswürfel
200 ml Tonic Water

1. Gin, Limettensaft, Zuckersirup und Chat Masala vermengen. Die Eiswürfel in ein Glas füllen. Den Drink dazugießen und mit dem Tonic Water auffüllen.

tipp *Kümmel ist ein fester Bestandteil im Herstellungsprozess von vielen Ginsorten. Der Geschmack wird noch intensiver, wenn man Kreuzkümmel und andere passende Gewürze dazugibt. Oder eben die Gewürzmischung Chat Masala, die auch Kreuzkümmel enthält.*

LIMETTEN-INGWER-LIMO

Für 4 Personen
Zubereitung: 10 Min.
Pro Portion ca. 215 kcal

4 Bio-Limetten
1 Stück Bio-Ingwer (10 g)
250 ml gesüßte Kondensmilch
1 Handvoll Eiswürfel

1. Die Limetten waschen, vierteln und in einen Mixer geben. Den Ingwer waschen, grob zerkleinern und ebenfalls in den Mixer geben. 500 ml Wasser dazugießen und alles gut mixen. Die Flüssigkeit durch ein Sieb gießen.

2. Die Limonade wieder in den Mixer geben. Kondensmilch und Eiswürfel hinzufügen und alles nochmals mixen.

3. Die Limonade auf Gläser verteilen und genießen.

INGWERSHOT-MÖHREN-KUCHEN

Für 8 Stücke
Zubereitung: 20 Min.
Backen: 40 Min.
Pro Stück ca. 335 kcal

3 Möhren
3 Eier
50 ml Ingwershot
100 ml Rapsöl
150 g Zucker
230 g Mehl
2 TL Backpulver
1 EL Vanillezucker
½ TL Zimtpulver
1 TL gemahlener Kardamom

Außerdem
1 runde Backform
Rapsöl zum Einpinseln

1. Den Backofen auf 160° Umluft, vorheizen. Die Möhren putzen, schälen und fein raspeln.

2. Eier, Ingwershot, Rapsöl und Zucker in einer Schüssel verquirlen. Mehl, Backpulver, Vanillezucker, Zimt und Kardamom in einer anderen Schüssel vermengen.

3. Die Mehlmischung nach und nach zu der Eiermischung geben und alle Zutaten zu einem Teig verrühren. Zum Schluss die geraspelten Möhren unterheben.

4. Eine ofenfeste runde Backform mit etwas Öl einpinseln und den Teig hineingeben. Den Kuchen im Ofen (Mitte) ca. 40 Min. backen.

KARDAMOM-BANANEN-BROT MIT ZIMTCREME

Für 1 großes Brot (ca. 10 Scheiben)
Zubereitung: 25 Min.
Backen: 1 Std.
Pro Scheibe ca. 385 kcal

Für den Teig
3 überreife Bananen
1 TL gemahlener Kardamom
120 ml Orangensaft
3 Eier
100 g zimmerwarme Butter
80 g Zucker
300 g Vollkornmehl
1 TL Backpulver
100 g gemahlene Walnusskerne

Für die Zimtcreme
125 g Mascarpone
125 g Quark
1 TL Zimtpulver
2 EL Zucker

Außerdem
1 Kastenform
Rapsöl zum Einfetten
frische Früchte zum Garnieren

1. Den Backofen auf 180° Ober-/Unterhitze vorheizen.

2. Für den Teig die Bananen schälen, in grobe Stücke schneiden und in eine Schüssel geben. Kardamom und Orangensaft dazugeben und die Bananen mit einer Gabel zerdrücken.

3. Die Eier mit der Butter und dem Zucker in einer Schüssel schaumig schlagen. Die Bananen untermischen. Das Vollkornmehl mit dem Backpulver vermengen, nach und nach hinzufügen und unterrühren. Zum Schluss die gemahlenen Walnüsse unterrühren.

4. Eine Kastenform mit dem Rapsöl einpinseln und den Teig hineingeben. Im Ofen (Mitte) ca. 1 Std. backen.

5. Inzwischen für die Zimtcreme den Mascarpone mit Quark, Zimt und Zucker glatt rühren.

6. Das Bananenbrot aus dem Ofen nehmen und abkühlen lassen. Aus der Form stürzen und in Scheiben schneiden. Zum Anrichten jeweils 1 Scheibe Bananenbrot mit Mascarponecreme und frischen Früchten servieren.

KHEER-MILCHREIS

Für 4 Personen
Zubereitung: 30 Min.
Pro Portion ca. 265 kcal

150 Basmatireis
2 EL geschälte Pistazienkerne
4 EL Cashewkerne
4 Kardamomkapseln
500 ml Milch (3,5 %)
500 g Kokosmilch
6 Safranfäden
2 EL brauner Zucker

1. Den Reis in einer Schüssel mit Wasser bedecken und 10–15 Min. einweichen. In ein Sieb abgießen und abtropfen lassen. Inzwischen Pistazien und Cashewkerne grob hacken. Die Kardamomkapseln aufbrechen, die Samen herauslösen und im Mörser zerstoßen.

2. Die Milch mit der Kokosmilch in einen Topf geben und zum Kochen bringen. Dann auf mittlere Stufe stellen. Safran, Kardamomsamen und Reis hinzugeben. Den Reis unter ständigem Rühren 10–12 Min. köcheln lassen, bis er die Flüssigkeit aufgenommen hat und gar ist.

3. Den fertigen Milchreis auf Schüsseln verteilen und mit Zucker, Pistazien und Cashewkernen toppen.

PFIRSICH-KARDAMOM-GEBÄCK

Für 4 Personen
Zubereitung: 15 Min.
Backen: 20 Min.
Pro Portion ca. 400 kcal

2 Pfirsiche
2 grüne Kardamomkapseln
100 g Zucker
1 Lage Blätterteig (260 g; aus dem Kühlregal)
1 Eigelb (ersatzweise Rapsöl)

1. Die Pfirsiche waschen und halbieren. Den Stein entfernen und die Hälften in ca. 1 cm dicke Scheiben schneiden. Die Kardamomkapseln aufbrechen und die Samen in einem Mörser zerstoßen. Den Backofen auf 185° Umluft vorheizen und ein Backblech mit Backpapier belegen.

2. Eine Pfanne auf mittlerer Stufe erhitzen und den Zucker darin goldgelb karamellisieren.

3. Das Backblech in vier »Zonen« aufteilen, sodass jedes Gebäck genügend Abstand zum nächsten hat. Je 2 EL karamellisierten Zucker auf jede der vier Zonen des Backblechs verteilen und mit dem Löffel etwas in die Länge ziehen. Die Pfirsichscheiben auf dem flüssigen Zucker verteilen. Falls karamellisierter Zucker übrig bleiben sollte, über die Pfirsichscheiben träufeln. Anschließend die zerstoßenen Kardamomsamen auf die Pfirsichscheiben streuen.

4. Den Blätterteig vierteln und auf die Pfirsichscheiben legen, dabei alle Seiten etwas andrücken, damit der Zucker beim Backen nicht herausfließen kann.

5. Das Eigelb verquirlen und den Blätterteig damit einpinseln. Das Blech in den Ofen (Mitte) schieben und das Gebäck 15–20 Min. backen, bis der Teig goldbraun ist. Mit einem Pfannenwender unter den Teig gleiten und das Gebäck umdrehen, damit die Pfirsiche zum Vorschein kommen.

tipp *Den Blätterteig nicht zu früh aus dem Kühlschrank nehmen, da der Teig bei Raumtemperatur schnell klebt. Im kalten Zustand lässt sich Blätterteig besser verarbeiten. Er kann übrigens auch eingefroren werden.*

CRÈME BRÛLÉE VON MASALA CHAI

Für 4 Personen
Zubereitung: 25 Min.
Backen: 30 Min.
Pro Portion ca. 490 kcal

◇◇◇◇◇◇◇◇◇◇◇

1 Vanilleschote
400 g Sahne
100 ml Vollmilch
4 Msp. gemahlene Nelken
4 Msp. gemahlener Kardamom
1 TL Zimtpulver
½ TL gemahlener Ingwer
2 Beutel Schwarztee (Darjeeling)
1 EL Honig
6 Eigelb
80 g feiner Zucker
60 g brauner Zucker

Außerdem
4 ofenfeste Förmchen

1. Die Vanilleschote aufschneiden und das Mark herauskratzen. Sahne, Milch und Vanillemark in einen Topf geben und langsam unter ständigem Rühren erhitzen. Kurz bevor die Mischung kocht, Nelken, Kardamom, Zimt, Ingwer sowie die Teebeutel hinzugeben. Den Topf vom Herd nehmen und die Mischung ca. 10 Min. ziehen lassen.

2. Den Backofen auf 160° Umluft vorheizen. Die Teebeutel herausnehmen und den Honig unterrühren.

3. Die Eigelbe und den feinen Zucker in einer Schüssel schaumig schlagen. Die Sahne-Milch-Würzmischung nach und nach unter ständigem Rühren dazugeben. Die Mischung auf ofenfeste Förmchen verteilen. Einen Bräter mit so viel kochendem Wasser auffüllen, dass die Förmchen ca. zwei Drittel hoch im Wasser stehen. Die Förmchen in den Bräter stellen und die Creme im Ofen (Mitte) ca. 30 Min. backen.

4. Die Förmchen herausnehmen und den Backofen auf Grillfunktion stellen. Den braunen Zucker auf die Creme streuen. Die Förmchen auf ein Backblech stellen und dieses in die obere Schiene schieben. Den Zucker langsam karamellisieren lassen.

5. Die Crème brûlée aus dem Ofen nehmen und abkühlen lassen.

tipp *Der Zuckerdeckel sollte erst kurz vor dem Verzehr karamellisiert werden, damit er schön crunchy bleibt. Macht man das zu früh, zieht der Zucker Wasser und der Deckel wird weich.*

SÜSSE VARIATIONEN

Wenn es etwas in der indischen Küche gibt, das mir in den meisten Fällen nicht schmeckt, dann sind es Desserts und Süßspeisen. Die sind nämlich fast immer so unfassbar süß, dass man auch gleich einen Zuckerwürfel lutschen könnte. Oft werden kleine Gebäckstücke zuerst in Öl frittiert und danach in Zuckersirup eingelegt. Schon bei dem Gedanken daran bin ich nach einem Bissen satt.

Durch meine zahlreichen Reisen, nicht nur nach Indien, sondern auch in viele andere Länder auf der ganzen Welt, habe ich einige Lieblingsdesserts entdeckt, die ich gerne auch in meinem Restaurant anbieten wollte. Das Problem war nur: die sind dann ja gar nicht indisch genug ... Darum habe ich über die Jahre einige Dessertvariationen entwickelt, die eigentlich aus anderen Länderküchen stammen, aber alle irgendwie einen indischen Twist haben und dann auf einmal doch ganz anders schmecken als die ursprüngliche Süßspeise. Möglicherweise findet der eine oder andere hier auch eines seiner Lieblingsdesserts wieder, nur eben von mir auf indisch getrimmt.

Typische Getränke

Drinks, egal ob mit oder ohne Alkohol, werden in Indien auch oft mit Gewürzen aromatisiert. Häufig sogar mit Salz. Die dadurch isotonischen Getränke helfen, den Mineralstoffhaushalt des Körpers zu regulieren, was natürlich in einem heißen Land wie Indien besonders wichtig ist. Ich muss aber ehrlich zugeben, dass Salziges zum Trinken für meine und wahrscheinlich für die allermeisten europäischen Zungen nichts ist. Deshalb habe ich es für die Drinks in diesem Buch bei ein paar wenigen Gewürzen belassen, die der eine oder andere vielleicht mal ausprobieren will. Zum Thema alkoholische Getränke gibt es eine interessante Sache, die ich selbst erst auf einer meiner Reisen erfahren habe: In Indien trinkt man nämlich – wenn überhaupt – erst am Abend Alkohol, und zwar vor (!) dem Essen und nicht währenddessen und schon gar nicht danach. Vermutlich hat man dann keinen Kater am nächsten Tag oder zumindest ist er nicht so heftig. Ob das wirklich funktioniert, habe ich allerdings noch nicht ausprobiert.

Register

Aloo Mattar Kebabs 140
Ananassaft: Bengal Tiger Cocktail 166
Apfel
Apfel-Kohl-Thoran 126
Chickpea-Avocados mit Rosinendressing 129
Lachs aus Goa 112
Apfel-Kohl-Thoran 126
Apfelsaft
Butter Chicken 107
Chickpea-Avocados mit Rosinendressing 129
Creamy Daal nach Punjabi-Art 158
Daal-Quiche 98
Delhi Pulled Pork 104
Kokos-Süßkartoffel-Suppe 42
Linsen-Falafeln 45
Mango Malai Chicken 108
Mango-Fenchel-Salat 147
Palak Paneer 161
Wirsingblätter mit Zimt-Kartoffel-Hack 102
Aprikosen, getrocknete: Samosa Roll vegan 51
Aprikosenkonfitüre: Red Slaw 65
Auberginen
Burnt Aubergines mit Blumenkohl-Hummus 135
Dattel-Auberginen-Mus Bengali Style 36
Avocados: Chickpea-Avocados mit Rosinendressing 129

Banane: Kardamom-Bananenbrot mit Zimtcreme 177
Basmatireis
Jeera-Reis 79
Kheer-Milchreis 178
Königliches Biryani im Tontopf 131
Reis-Pilaw 76
Salatblätter mit Chili-Hähnchen 38
Spicy Kartoffel-Crêpes 31
Bengal Tiger Cocktail 166
Bhuas Currygewürz 12
Biryani: Königliches Biryani im Tontopf 131
Blätterteig
Daal-Quiche 98
Königliches Biryani im Tontopf 131
Pfirsich-Kardamom-Gebäck 181
Blumenkohl
Blumenkohl-Kokos-Risotto 75
Burnt Aubergines mit Blumenkohl-Hummus 135
Safran-Blumenkohl-Korma 132
Blumenkohl-Kokos-Risotto 75
Brandy: Bengal Tiger Cocktail 166
Brokkoli: Indian Summer Reispfanne 157
Brot
Naan-Brot Chili & Cheese 66
Naan-Brot Kokos Peshwari 70
Naan-Brot simple 73
Naan-Brot Zimt & Zucker 69
Brühe
Blumenkohl-Kokos-Risotto 75
Rote Ingwershot-Gazpacho mit Minze 48
Burnt Aubergines mit Blumenkohl-Hummus 135
Butter Chicken 107
Butter
Chana Curry 136
Currybutter 20
Geröstete Thunfisch-Chotis 120
Ghee – Butterschmalz 19
Kardamom-Bananenbrot mit Zimtcreme 177
Minced Butter Chicken Masala Sandwich 28
Palak Paneer 161
Parmesan-Ofen-Aloo mit Rosenkohl 139
Rote-Bete-Kroketten Kachori 47
Tandoori Duck mit Safran-Kartoffelpüree 119
Butter Chicken 107
Buttermilch: Lamb Chops mit Erbsenpüree 97

Cashewkerne
Chicken-Kokos-Curry 94
Kheer-Milchreis 178
Chai-Tee 169
Champignons: Samosa Roll vegan 51
Chana Curry 136
Chat Masala: Jaljeera Gin Tonic 170
Chicken-Kokos-Curry 94
Chickpea-Avocados mit Rosinendressing 129
Chilischote
Aloo Mattar Kebabs 140
Chana Curry 136
Creamy Daal nach Punjabi-Art 158
Dattel-Auberginen-Mus Bengali Style 36
Königliches Biryani im Tontopf 131
Lemon-Garnelen-Curry aus Kerala 111
Malabar Seelachs 116
Mango-Fenchel-Salat 147
Minced Butter Chicken Masala Sandwich 28
Naan-Brot Chili & Cheese 66
Pepper Beef 115
Pflaumenchutney 85
Rote-Bete-Kroketten Kachori 47
Safran-Blumenkohl-Korma 132
Stuffed Puris 35
Chutney
Pflaumenchutney 85
Spargel-Koriander-Chutney 89
Creamy Daal nach Punjabi-Art 158
Creme brûlée von Masala Chai 182
Crêpes: Spicy Kartoffel-Crêpes 31
Curry
Chana Curry 136
Chicken-Kokos-Curry 94
Currybutter 20
Meatball Curry 101

Daal: Creamy Daal nach Punjabi-Art 158
Daal-Quiche 98
Dattel-Auberginen-Mus Bengali Style 36
Delhi Pulled Pork 104
Doppelrahmfrischkäse: Gebackene Süßkartoffel-Chole 41

Eier
Daal-Quiche 98
Geröstete Thunfisch-Chotis 120
Ingwershot-Möhrenkuchen 174
Kardamom-Bananenbrot mit Zimtcreme 177
Naan-Brot Chili & Cheese 66
Naan-Brot Kokos Peshwari 70
Naan-Brot simple 73
Naan-Brot Zimt & Zucker 69
Palak-Paneer-Tortilla 148
Rote-Bete-Kroketten Kachori 47
Süßkartoffel-Chaat mit Spinat-Tempura 154
Uttapam – indische Reispfannkuchen 153
Eigelb: Creme brûlée von Masala Chai 182
Entenbrust: Tandoori Duck mit Safran-Kartoffelpüree 119
Erbsen
Aloo Mattar Kebabs 140
Indian Summer Reispfanne 157
Lamb Chops mit Erbsenpüree 97
Erdnüsse
Lime Peanut Popcorn 32
Salatblätter mit Chili-Hähnchen 38

Falafeln: Linsen-Falafeln 45
Feigen: Samosa Roll veggie 52
Fenchel
Gurken-Fenchel-Raita 80
Mango-Fenchel-Salat 147
Feta: Samosa Roll veggie 52
Filoteig
Samosa Roll classic 56
Samosa Roll meat 55

Samosa Roll vegan 51
Samosa Roll veggie 52
Frischkäse
Minced Butter Chicken Masala Sandwich 28
Samosa Roll meat 55

Garam Masala 10
Garnelen: Lemon-Garnelen-Curry aus Kerala 111
Gebackene Süßkartoffel-Chole 41
Geröstete Thunfisch-Chotis 120
Gewürzmischung
Bhuas Currygewürz 12
Garam Masala 10
Papa Wahis Currygewürz 15
Tandoori Masala 16
Ghee – Butterschmalz 19
Gin: Jaljeera Gin Tonic 170
Gouda
Daal-Quiche 98
Naan-Brot Chili & Cheese 66
Uttapam – indische Reispfannkuchen 153
Granatapfelkerne: Burnt Aubergines mit Blumenkohl-Hummus 135
Granatapfelsaft: Bengal Tiger Cocktail 166
Graubrot: Samosa Roll veggie 52
Grünkohl: Apfel-Kohl-Thoran 126
Gurke
Gurken-Fenchel-Raita 80
Kichererbsensalat mit Orangen-Hummus 143
Rote Ingwershot-Gazpacho mit Minze 48
Gurken-Fenchel-Raita 80

Hackfleisch (Rind): Meatball Curry 101
Hackfleisch, gemischtes: Wirsingblätter mit Zimt-Kartoffel-Hack 102
Hefe
Naan-Brot Chili & Cheese 66
Naan-Brot Kokos Peshwari 70
Naan-Brot simple 73
Naan-Brot Zimt & Zucker 69
Hokkaido: Königliches Biryani im Tontopf 131
Honig
Chai-Tee 169
Chicken-Kokos-Curry 94
Chickpea-Avocados mit Rosinendressing 129
Crème brûlée von Masala Chai 182
Gebackene Süßkartoffel-Chole 41
Königliches Biryani im Tontopf 131
Mango-Fenchel-Salat 147
Meatball Curry 101
Naan-Brot Kokos Peshwari 70
Reis-Pilaw 76
Rote Ingwershot-Gazpacho mit Minze 48
Safran-Blumenkohl-Korma 132
Samosa Roll veggie 52
Huhn
Butter Chicken 107
Chicken-Kokos-Curry 94
Mango Malai Chicken 108
Minced Butter Chicken Masala Sandwich 28
Salatblätter mit Chili-Hähnchen 38

Indian Summer Reispfanne 157
Ingwer
Aloo Mattar Kebabs 140
Apfel-Kohl-Thoran 126
Blumenkohl-Kokos-Risotto 75
Butter Chicken 107
Chana Curry 136
Chickpea-Avocados mit Rosinendressing 129
Delhi Pulled Pork 104
Gurken-Fenchel-Raita 80
Indian Summer Reispfanne 157
Kokoskohl mit Pellkartoffeln 145
Kokos-Süßkartoffel-Suppe 42
Königliches Biryani im Tontopf 131
Lachs aus Goa 112
Lamb Chops mit Erbsenpüree 97
Lemon-Garnelen-Curry aus Kerala 111
Limetten-Ingwer-Limo 173
Malabar Seelachs 116
Mango Malai Chicken 108
Mango-Fenchel-Salat 147
Meatball Curry 101
Minced Butter Chicken Masala Sandwich 28
Palak Paneer 161
Pepper Beef 115
Pflaumenchutney 85
Reis-Pilaw 76
Rote-Bete-Raita 86
Roti-Möhren-Rotkohl-Pfanne 151
Safran-Blumenkohl-Korma 132
Samosa Roll meat 55
Samosa Roll vegan 51
Samosa Roll veggie 52
Spicy Kartoffel-Crêpes 31
Stuffed Puris 35
Tandoori Duck mit Safran-Kartoffelpüree 119
Wirsingblätter mit Zimt-Kartoffel-Hack 102
Ingwershot
Creamy Daal nach Punjabi-Art 158
Ingwershot-Möhrenkuchen 174
Rote Ingwershot-Gazpacho mit Minze 48

Jaljeera Gin Tonic 170
Jeera-Reis 79
Joghurt
Chicken-Kokos-Curry 94
Geröstete Thunfisch-Chotis 120
Gurken-Fenchel-Raita 80
Joghurt-Minz-Raita 82
Lamb Chops mit Erbsenpüree 97
Meatball Curry 101
Minced Butter Chicken Masala Sandwich 28
Naan-Brot Chili & Cheese 66
Naan-Brot Kokos Peshwari 70
Naan-Brot simple 73
Naan-Brot Zimt & Zucker 69
Red Slaw 65
Rote-Bete-Raita 86
Salatblätter mit Chili-Hähnchen 38
Tandoori Duck mit Safran-Kartoffelpüree 119
Uttapam – indische Reispfannkuchen 153
Joghurt-Minz-Raita 82

Kardamom
Pfirsich-Kardamom-Gebäck 181
Kardamom-Bananenbrot mit Zimtcreme 177
Kartoffeln
Aloo Mattar Kebabs 140
Kokoskohl mit Pellkartoffeln 145
Palak-Paneer-Tortilla 148
Parmesan-Ofen-Aloo mit Rosenkohl 139
Samosa Roll classic 56
Spicy Kartoffel-Crêpes 31
Tandoori Duck mit Safran-Kartoffelpüree 119
Wirsingblätter mit Zimt-Kartoffel-Hack 102
Käse: Paneer-Käse 23
Kheer-Milchreis 178
Kichererbsen
Burnt Aubergines mit Blumenkohl-Hummus 135
Chana Curry 136
Chickpea-Avocados mit Rosinendressing 129
Gebackene Süßkartoffel-Chole 41
Kichererbsensalat mit Orangen-Hummus 143
Königliches Biryani im Tontopf 131
Samosa Roll classic 56
Kichererbsenmehl: Süßkartoffel-Chaat mit Spinat-Tempura 154
Kichererbsensalat mit Orangen-Hummus 143

Kirschtomaten
Chana Curry 136
Chickpea-Avocados mit Rosinendressing 129
Kichererbsensalat mit Orangen-Hummus 143
Königliches Biryani im Tontopf 131
Meatball Curry 101
Reis-Pilaw 76
Uttapam – indische Reispfannkuchen 153
Knoblauch
Aloo Mattar Kebabs 140
Apfel-Kohl-Thoran 126
Burnt Aubergines mit Blumenkohl-Hummus 135
Butter Chicken 107
Chana Curry 136
Chicken-Kokos-Curry 94
Chickpea-Avocados mit Rosinendressing 129
Creamy Daal nach Punjabi-Art 158
Daal-Quiche 98
Dattel-Auberginen-Mus Bengali Style 36
Delhi Pulled Pork 104
Gebackene Süßkartoffel-Chole 41
Geröstete Thunfisch-Chotis 120
Gurken-Fenchel-Raita 80
Indian Summer Reispfanne 157
Joghurt-Minz-Raita 82
Kokoskohl mit Pellkartoffeln 145
Kokos-Süßkartoffel-Suppe 42
Königliches Biryani im Tontopf 131
Lachs aus Goa 112
Lamb Chops mit Erbsenpüree 97
Lemon-Garnelen-Curry aus Kerala 111
Linsen-Falafeln 45
Malabar Seelachs 116
Mango Malai Chicken 108
Meatball Curry 101
Minced Butter Chicken Masala Sandwich 28
Palak Paneer 161
Palak-Paneer-Tortilla 148
Parmesan-Ofen-Aloo mit Rosenkohl 139
Pepper Beef 115
Pflaumenchutney 85
Red Slaw 65
Reis-Pilaw 76
Rote Ingwershot-Gazpacho mit Minze 48
Rote-Bete-Kroketten Kachori 47
Rote-Bete-Raita 86
Roti-Möhren-Rotkohl-Pfanne 151
Salatblätter mit Chili-Hähnchen 38
Spicy Kartoffel-Crêpes 31
Stuffed Puris 35
Tandoori Duck mit Safran-Kartoffelpüree 119
Wirsingblätter mit Zimt-Kartoffel-Hack 102
Kokosfruchtfleisch: Malabar Seelachs 116
Kokoskohl mit Pellkartoffeln 145
Kokosmilch
Apfel-Kohl-Thoran 126
Blumenkohl-Kokos-Risotto 75
Butter Chicken 107
Chicken-Kokos-Curry 94
Creamy Daal nach Punjabi-Art 158
Delhi Pulled Pork 104
Kheer-Milchreis 178
Kokoskohl mit Pellkartoffeln 145
Kokos-Süßkartoffel-Suppe 42
Königliches Biryani im Tontopf 131
Lamb Chops mit Erbsenpüree 97
Lemon-Garnelen-Curry aus Kerala 111
Mango Malai Chicken 108
Palak Paneer 161
Safran-Blumenkohl-Korma 132
Salatblätter mit Chili-Hähnchen 38
Kokosraspel: Naan-Brot Kokos Peshwari 70
Kokos-Süßkartoffel-Suppe 42
Kondensmilch
Chai-Tee 169
Daal-Quiche 98
Limetten-Ingwer-Limo 173
Samosa Roll veggie 52
Königliches Biryani im Tontopf 131
Koriandergrün
Blumenkohl-Kokos-Risotto 75
Burnt Aubergines mit Blumenkohl-Hummus 135
Geröstete Thunfisch-Chotis 120
Gurken-Fenchel-Raita 80
Indian Summer Reispfanne 157
Jeera-Reis 79
Kokoskohl mit Pellkartoffeln 145
Königliches Biryani im Tontopf 131
Lamb Chops mit Erbsenpüree 97
Lemon-Garnelen-Curry aus Kerala 111
Mango-Fenchel-Salat 147
Minced Butter Chicken Masala Sandwich 28
Parmesan-Ofen-Aloo mit Rosenkohl 139
Pepper Beef 115
Samosa Roll classic 56
Samosa Roll vegan 51
Spargel-Koriander-Chutney 89
Spicy Kartoffel-Crêpes 31
Süßkartoffel-Chaat mit Spinat-Tempura 154
Kurkuma-Chipotle 62

Lachs aus Goa 112
Lachsfilet: Lachs aus Goa 112
Lamb Chops mit Erbsenpüree 97
Lamm: Lamb Chops mit Erbsenpüree 97
Lauch: Samosa Roll meat 55
Lemon-Garnelen-Curry aus Kerala 111
Lime Peanut Popcorn 32
Limette
Aloo Mattar Kebabs 140
Blumenkohl-Kokos-Risotto 75
Burnt Aubergines mit Blumenkohl-Hummus 135
Chicken-Kokos-Curry 94
Chickpea-Avocados mit Rosinendressing 129
Creamy Daal nach Punjabi-Art 158
Dattel-Auberginen-Mus Bengali Style 36
Gebackene Süßkartoffel-Chole 41
Gurken-Fenchel-Raita 80
Indian Summer Reispfanne 157
Jaljeera Gin Tonic 170
Joghurt-Minz-Raita 82
Königliches Biryani im Tontopf 131
Lemon-Garnelen-Curry aus Kerala 111
Lime Peanut Popcorn 32
Limetten-Ingwer-Limo 173
Mango-Fenchel-Salat 147
Meatball Curry 101
Minced Butter Chicken Masala Sandwich 28
Pepper Beef 115
Reis-Pilaw 76
Salatblätter mit Chili-Hähnchen 38
Samosa Roll classic 56
Samosa Roll vegan 51
Samosa Roll veggie 52
Süßkartoffel-Chaat mit Spinat-Tempura 154
Tandoori Duck mit Safran-Kartoffelpüree 119
Limetten-Ingwer-Limo 173

Linsen, rote
Creamy Daal nach Punjabi-Art 158
Daal-Quiche 98
Linsen-Falafeln 45
Linsen, weiße: Spicy Kartoffel-Crêpes 31
Linsen-Falafeln 45

Malabar Seelachs 116

Mandeln
Chicken-Kokos-Curry 94
Safran-Blumenkohl-Korma 132
Tandoori Duck mit Safran-Kartoffelpüree 119
Mango Malai Chicken 108
Mango
Mango Malai Chicken 108
Mango-Fenchel-Salat 147
Mango-Fenchel-Salat 147
Mascarpone: Kardamom-Bananenbrot mit Zimtcreme 177
Meatball Curry 101
Mehl (Dinkel): Geröstete Thunfisch-Chotis 120
Mehl (Maida): Stuffed Puris 35
Mehl (Vollkorn): Kardamom-Bananenbrot mit Zimtcreme 177
Mehl
Ingwershot-Möhrenkuchen 174
Naan-Brot Chili & Cheese 66
Naan-Brot Kokos Peshwari 70
Naan-Brot simple 73
Naan-Brot Zimt & Zucker 69
Uttapam – indische Reispfannkuchen 153
Milch
Crème brûlée von Masala Chai 182
Kheer-Milchreis 178
Naan-Brot Chili & Cheese 66
Naan-Brot Kokos Peshwari 70
Naan-Brot simple 73
Naan-Brot Zimt & Zucker 69
Paneer-Käse 23
Rote-Bete-Kroketten Kachori 47
Tandoori Duck mit Safran-Kartoffelpüree 119
Minced Butter Chicken Masala Sandwich 28
Minze
Chickpea-Avocados mit Rosinendressing 129
-Joghurt-Minz-Raita 82
Lamb Chops mit Erbsenpüree 97
Reis-Pilaw 76
Rote Ingwershot-Gazpacho mit Minze 48
Roti-Möhren-Rotkohl-Pfanne 151
Salatblätter mit Chili-Hähnchen 38
Samosa Roll veggie 52
Stuffed Puris 35

Möhren
Ingwershot-Möhrenkuchen 174
Roti-Möhren-Rotkohl-Pfanne 151
Naan-Brot Chili & Cheese 66
Naan-Brot Kokos Peshwari 70
Naan-Brot simple 73
Naan-Brot Zimt & Zucker 69
Olivenöl: Spargel-Koriander-Chutney 89
Orange: Kichererbsensalat mit Orangen-Hummus 143
Orangensaft: Kardamom-Bananenbrot mit Zimtcreme 177

Palak Paneer 161
Palak-Paneer-Tortilla 148
Paneer
Palak Paneer 161
Palak-Paneer-Tortilla 148
Stuffed Puris 35
Paneer-Käse 23
Papa Wahis Currygewürz 15
Paprika: Rote Ingwershot-Gazpacho mit Minze 48
Parmesan
Parmesan-Ofen-Aloo mit Rosenkohl 139
Spargel-Koriander-Chutney 89
Parmesan-Ofen-Aloo mit Rosenkohl 139
Pecorino: Spargel-Koriander-Chutney 89
Pepper Beef 115
Petersilie
Aloo Mattar Kebabs 140
Daal-Quiche 98
Dattel-Auberginen-Mus Bengali Style 36
Gebackene Süßkartoffel-Chole 41
Kichererbsensalat mit Orangen-Hummus 143
Meatball Curry 101
Pfirsich-Kardamom-Gebäck 181
Pflaumenchutney 85
Pinienkerne: Spargel-Koriander-Chutney 89
Pistazien
Burnt Aubergines mit Blumenkohl-Hummus 135
Kheer-Milchreis 178
Lamb Chops mit Erbsenpüree 97
Reis-Pilaw 76
Popcorn: Lime Peanut Popcorn 32

Quark: Kardamom-Bananenbrot mit Zimtcreme 177

Raita
Gurken-Fenchel-Raita 80
Joghurt-Minz-Raita 82
Rote-Bete-Raita 86
Red Slaw 65
Reis
Blumenkohl-Kokos-Risotto 75
Indian Summer Reispfanne 157
Jeera-Reis 79
Reismehl: Uttapam – indische Reispfannkuchen 153
Reis-Pilaw 76
Rind: Pepper Beef 115
Rinderhack
Meatball Curry 101
Stuffed Puris 35
Risottoreis: Blumenkohl-Kokos-Risotto 75
Römersalat: Salatblätter mit Chili-Hähnchen 38
Rosenkohl: Parmesan-Ofen-Aloo mit Rosenkohl 139
Rosinen
Chickpea-Avocados mit Rosinendressing 129
Naan-Brot Kokos Peshwari 70
Reis-Pilaw 76
Rote Bete
Königliches Biryani im Tontopf 131
Rote Ingwershot-Gazpacho mit Minze 48
Rote-Bete-Kroketten Kachori 47
Rote-Bete-Raita 86
Rote Ingwershot-Gazpacho mit Minze 48
Rote-Bete-Kroketten Kachori 47
Rote-Bete-Raita 86
Roti-Möhren-Rotkohl-Pfanne 151
Rotkohl
Red Slaw 65
Roti-Möhren-Rotkohl-Pfanne 151
Rum: Bengal Tiger Cocktail 166
Rumpsteak: Pepper Beef 115

Safran
Kheer-Milchreis 178
Safran-Blumenkohl-Korma 132
Tandoori Duck mit Safran-Kartoffelpüree 119
Safran-Blumenkohl-Korma 132
Sahne
Butter Chicken 107
Chana Curry 136
Creamy Daal nach Punjabi-Art 158
Crème brûlée von Masala Chai 182
Mango Malai Chicken 108
Palak Paneer 161
Tandoori Duck mit Safran-Kartoffelpüree 119
Salat
Mango-Fenchel-Salat 147
Red Slaw 65
Salatblätter mit Chili-Hähnchen 38
Samosa Roll classic 56
Samosa Roll meat 55
Samosa Roll vegan 51
Samosa Roll veggie 52
Sandwich: Minced Butter Chicken Masala Sandwich 28
Saure Sahne: Daal-Quiche 98

Schalotten
Delhi Pulled Pork 104
Joghurt-Minz-Raita 82
Kichererbsensalat mit Orangen-Hummus 143
Schweineschulter: Delhi Pulled Pork 104
Seelachsfilet: Malabar Seelachs 116
Spargel-Koriander-Chutney 89
Speck: Daal-Quiche 98
Spicy Kartoffel-Crêpes 31
Spinat
Aloo Mattar Kebabs 140
Chana Curry 136
Palak Paneer 161
Palak-Paneer-Tortilla 148
Süßkartoffel-Chaat mit Spinat-Tempura 154
Spitzkohl: Apfel-Kohl-Thoran 126
Stuffed Puris 35
Suppe
Kokos-Süßkartoffel-Suppe 42
Rote Ingwershot-Gazpacho mit Minze 48
Süßkartoffel-Chaat mit Spinat-Tempura 154
Süßkartoffeln
Gebackene Süßkartoffel-Chole 41
Kokos-Süßkartoffel-Suppe 42
Süßkartoffel-Chaat mit Spinat-Tempura 154

Tahin
Burnt Aubergines mit Blumenkohl-Hummus 135
Kichererbsensalat mit Orangen-Hummus 143
Lamb Chops mit Erbsenpüree 97
Tandoori Duck mit Safran-Kartoffelpüree 119
Tandoori Masala 16
Tee, schwarzer
Chai-Tee 169
Crème brûlée von Masala Chai 182
Teigtaschen: Geröstete Thunfisch-Chotis 120
Thunfisch (Dose): Geröstete Thunfisch-Chotis 120
Toastbrot: Rote Ingwershot-Gazpacho mit Minze 48
Tomaten, getrocknete: Rote Ingwershot-Gazpacho mit Minze 48
Tomaten, passierte
Chana Curry 136
Creamy Daal nach Punjabi-Art 158
Tomaten, stückige
Gebackene Süßkartoffel-Chole 41
Meatball Curry 101
Roti-Möhren-Rotkohl-Pfanne 151
Tomaten
Dattel-Auberginen-Mus Bengali Style 36
Malabar Seelachs 116
Minced Butter Chicken Masala Sandwich 28
Rote Ingwershot-Gazpacho mit Minze 48
Tomatenmark
Chana Curry 136
Creamy Daal nach Punjabi-Art 158
Palak Paneer 161
Samosa Roll vegan 51
Wirsingblätter mit Zimt-Kartoffel-Hack 102
Tomatensaft
Butter Chicken 107
Kokos-Süßkartoffel-Suppe 42
Mango Malai Chicken 108
Palak Paneer 161
Rote Ingwershot-Gazpacho mit Minze 48
Wirsingblätter mit Zimt-Kartoffel-Hack 102
Tonic Water: Jaljeera Gin Tonic 170

Uttapam – indische Reispfannkuchen 153

Vanilleschote: Crème brûlée von Masala Chai 182

Walnüsse
Apfel-Kohl-Thoran 126
Kardamom-Bananenbrot mit Zimtcreme 177
Samosa Roll vegan 51
Weißkohl: Kokoskohl mit Pellkartoffeln 145
Weißwein
Blumenkohl-Kokos-Risotto 75
Lemon-Garnelen-Curry aus Kerala 111
Wirsingblätter mit Zimt-Kartoffel-Hack 102

Zimt: Kardamom-Bananenbrot mit Zimtcreme 177
Zitrone
Apfel-Kohl-Thoran 126
Butter Chicken 107
Kokoskohl mit Pellkartoffeln 145
Lachs aus Goa 112
Linsen-Falafeln 45
Malabar Seelachs 116
Mango Malai Chicken 108
Palak Paneer 161
Paneer-Käse 23
Parmesan-Ofen-Aloo mit Rosenkohl 139
Rote Ingwershot-Gazpacho mit Minze 48
Rote-Bete-Raita 86
Samosa Roll meat 55
Spicy Kartoffel-Crêpes 31
Stuffed Puris 35
Zucker
Crème brûlée von Masala Chai-Tee 182
Ingwershot-Möhrenkuchen 174
Kardamom-Bananenbrot mit Zimtcreme 177
Kheer-Milchreis 178
Pfirsich-Kardamom-Gebäck 181
Zuckerschoten: Indian Summer Reispfanne 157
Zwiebeln
Apfel-Kohl-Thoran 126
Blumenkohl-Kokos-Risotto 75
Butter Chicken 107
Chana Curry 136
Chicken-Kokos-Curry 94
Creamy Daal nach Punjabi-Art 158
Daal-Quiche 98
Dattel-Auberginen-Mus Bengali Style 36
Gebackene Süßkartoffel-Chole 41
Geröstete Thunfisch-Chotis 120
Gurken-Fenchel-Raita 80
Indian Summer Reispfanne 157
Königliches Biryani im Tontopf 131
Lachs aus Goa 112
Lemon-Garnelen-Curry aus Kerala 111
Malabar Seelachs 116
Mango Malai Chicken 108
Mango-Fenchel-Salat 147
Meatball Curry 101
Minced Butter Chicken Masala Sandwich 28
Palak Paneer 161
Palak-Paneer-Tortilla 148
Pepper Beef 115
Reis-Pilaw 76
Rote Ingwershot-Gazpacho mit Minze 48
Rote-Bete-Kroketten Kachori 47
Roti-Möhren-Rotkohl-Pfanne 151
Safran-Blumenkohl-Korma 132
Samosa Roll vegan 51
Samosa Roll veggie 52
Stuffed Puris 35
Uttapam – indische Reispfannkuchen 153
Wirsingblätter mit Zimt-Kartoffel-Hack 102

Der FEINSCHMECKER-SHOP und GU möchten Sie kulinarisch verführen

Wenn Sie Essen und Kochen lieben und Ihnen Qualität und Genuss am Herzen liegen, sind Sie bei uns richtig. Entdecken Sie die Welt der kulinarischen Köstlichkeiten in unserem Online-Shop – mit dem **15-Euro-Geschenkgutschein** von Der FEINSCHMECKER-SHOP und GU. Ohne Aufwand Favoriten bequem nach Hause bestellen und genießen!

Werde Teil unserer GU Community und sichere dir deinen Gutscheincode. Mehr Infos unter **www.gu.de/feinschmecker-shop**

- *Feinste Pasteten aus französischen Traditionsmanufakturen*
- *Saftiger spanischer Angelfisch aus nachhaltigem Fang*
- *Ausgezeichnete internationale Essige und Öle*
- *Elegante Spitzenweine aus erstklassigen Lagen*
- *Handgemachte Süßigkeiten mit Geschichte & Charakter*
- *Schokoladiger Kaffee und kräftiger Espresso*
- *Klassische und moderne Küchengeräte legendärer Marken*

DER FEINSCHMECKER-SHOP
15 €*
Gutschein

*Bei einem Bestellwert ab 30 €.

GU QUALITÄTS GARANTIE

LIEBE LESERINNEN UND LESER,

wir wollen Ihnen mit diesem Buch Informationen und Anregungen geben, um Ihnen das Leben zu erleichtern oder Sie zu inspirieren, Neues auszuprobieren. Wir achten bei der Erstellung unserer Bücher auf Aktualität und stellen höchste Ansprüche an Inhalt und Gestaltung. Alle Anleitungen und Rezepte werden von unseren Autoren, jeweils Experten auf ihren Gebieten, gewissenhaft erstellt und von unseren Redakteur*innen mit größter Sorgfalt ausgewählt und geprüft.

Haben wir Ihre Erwartungen erfüllt? Sind Sie mit diesem Buch und seinen Inhalten zufrieden? Wir freuen uns auf Ihre Rückmeldung. Und wir freuen uns, wenn Sie diesen Titel weiterempfehlen, in Ihrem Freundeskreis oder bei Ihrem Online-Kauf.

Sollten wir Ihre Erwartungen so gar nicht erfüllt haben, tauschen wir Ihnen Ihr Buch jederzeit gegen ein gleichwertiges zum gleichen oder ähnlichen Thema um.

KONTAKT ZUM LESERSERVICE

GRÄFE UND UNZER VERLAG
Grillparzerstraße 12
81675 München
www.gu.de

Impressum

GU

GU ist eine eingetragene Marke der GRÄFE UND UNZER VERLAG GmbH, www.gu.de

ISBN 978-3-8338-9175-5

1. Auflage 2023

Projektleitung: Nathalie Künzl
Lektorat: Katharina Lisson
Korrektorat: Andrea Lazarovici
Bildredaktion: Nafsika Mylona, Natascha Klebl
Umschlaggestaltung und Layout: ki36 Editorial Design, München, Bettina Stickel
Herstellung: Petra Roth
Satz: griesbeckdesign, Dorothee Griesbeck, München
Reproduktion: Longo AG, Bozen
Druck und Bindung: Firmengruppe APPL, aprinta druck. Wemding

Umwelthinweis:
Nachhaltigkeit ist uns sehr wichtig. Der Rohstoff Papier ist in der Buchproduktion hierfür von entscheidender Bedeutung. Daher ist dieses Buch auf PEFC-zertifiziertem Papier gedruckt. PEFC garantiert, dass ökologische, soziale und ökonomische Aspekte in der Verarbeitungskette unabhängig überwacht werden und lückenlos nachvollziehbar sind.
Die GU-Homepage finden Sie unter www.gu.de

Bildnachweis:
Vivi D'Angelo: alle Fotos im Innenteil, außer:
Jens van Zoest (People-Fotos): Cover, S. 7, 58, 123, 184
Bettina Stickel: Collagen unter Verwendung von Bildern von Adobe Stock (z. B. S. 27, 61, 93, 125, 165), Getty Images (z. B. S. 9), iStock (z. B. S. 9, 165), Shutterstock (z. B. S. 61) und Unsplash (z. B. S. 27)
AWL Images: S. 59, 92
Getty Images: S. 26, 91, 122, 124, 163, 185
iStock: S. 8
Seasons Agency: S. 24, 25, 60, S. 90, 162, 164

Syndication: www.seasons.agency

GRÄFE UND UNZER

Ein Unternehmen der
GANSKE VERLAGSGRUPPE